球導

野球少年を正しく導くためのアドバイス

年中夢球［著］

竹書房

はじめに――少年野球に携わるすべての大人のみなさんへ

少年野球というのは、野球少年にとって極めて大切なものです。この時期に大人がどう子供と関わっていくかで、彼らの未来を大きく左右することもあります。

私の指導者としての最初の数年は、一から十まで指示を出していました。その姿は**【指導者】**といえるものではなく**【指示者】**だったと思います。また、「前に出ろ」「バットが下から出ているぞ」とだけ指摘している**【指摘者】**でもありました。

「指導」という言葉には**【導く】**という漢字が入っています。彼らが掲げた目標に、導いてあげることが本当の指導者の姿です。問題はその導き方です。指導者として、親として、彼らにどのような指導をし、サポートをしていくのか……悩んでいる方も多くいらっしゃるのではないでしょうか?

私は約20年間、指導者として選手と接してきました。指導というものに常に悩み、選手との距離感に試行錯誤をしている毎日でした。

どうしたら子供たちが自ら考え、動いてくれるようになるのか?

どうしたら、いいチーム作りができるのか?

【一生懸命がんばることの大切さや感謝の気持ち】……これらを、どうしたら子供たちに感じてもらえるのかを必死に考えました。指導の仕方・チームの作り方……私と同じように悩んでいる方に参考になればと思い、この本を書きました。

指導者の方だけでなく、少年野球に携わるすべての大人に読んでいただきたい一冊です。

本書の中にも書いてありますが、一番大切なことは野球が上手い下手ではありません。**【野球が好き】**という気持ちが、一番大切なのです。野球が好きという気持ちをずっと持ち続ければ、野球を続けていけます。野球を続けていれば夢が叶うかもしれません。

野球が好きといえることは簡単かもしれませんが、**【野球を好きであり続ける】**ことは簡単ではありません。そのために大人ができることは何か？　逆に大人がしてはいけないことは何か？　本書ではその部分に触れています。

子供たちが野球をやっていてよかった。このチームでよかった。そう思ってもらうために、我々大人ができることを一緒に考えていきましょう。

球導

野球少年を
正しく導くための
アドバイス

目次

第1章　チーム力　いいチームの作り方

第2章 考動力　考える野球とは何か

第3章 保護者力　指導者と保護者の関係

第4章 指導力 練習での指導

第5章 指導力 試合での指導

終章 **感動力** 感動エピソードストーリー

チーム力

第1章

いいチームの作り方

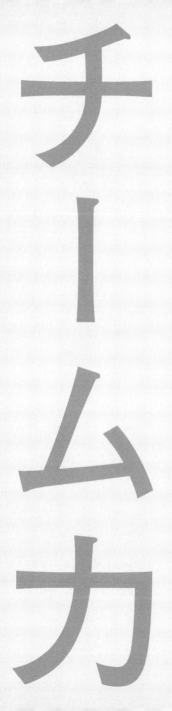

すべてはチーム方針から始まる

突然ですが、みなさんのチームはどういうチームでしょうか？　今から5秒以内でお答えください。

もし5秒以内で答えられたのであれば、そのチームには【色】＝【方針】があるチームといえるでしょう。

もし答えられなかったのであれば、残念ながらチームの色がなく、方針もないのかもしれません。仮にあっても、その方針が弱いため色が薄いのかもしれません。

人数が集まっているチームは、方針がはっきりと見えてきます。私も少年野球の現場に伺うことが多いのですが、練習が始まって10分ぐらいすると「このチームさんはこういう方針なんだな」とすぐにわかります。

方針がないチームや浸透していないチームは、一日練習に参加させていただいても何も見えてこないのです。そして、前者は部員数が多いのですが、後者は部員数が少ないのです。

チームの色

チームの色＝魅力なのです。当然のことながら、魅力のあるところに人は集まり、魅力のないところに人は集まってきません。

しかし、この**【魅力】**というのは人によって違います。昔と違って、今の少年野球に親子が求めているものには、さまざまなニーズがあります。

『厳しい練習を求める親子』もいれば、『そんなに上手にならなくても、ただ楽しくやればいいという親子』もいらっしゃるのが現状です。

私の知り合いの監督さんで、

「ウチはめちゃくちゃ練習が厳しく、勝つことの喜びを知ってほしい」

「ウチは全然強くないけれど、全員を試合に出すんだ」

という二人の監督さんがいらっしゃいます。

お二人とも子供への愛情が素晴らしい指導者さんですが、その考えや方法論はある意味、真逆です。でも、両チームさんとも部員数がとても多いのです。それは**【方針】**がしっかりしているからです。

指導者であれば、子供に**【野球の楽しさ】**を教えたいと考えます。しかし『野球の楽しさ』の「楽しさ」は幅広い意味を持ち、指導者の方々で意見が分かれることもあるでしょう。

同じように、親御さんや選手一人ひとりも『楽しい野球』の捉え方はそれぞれです。だからこそ、方針が大切なのです。

みなさんの**【チームの方針】**は何でしょうか？

方針がない、または方針がわかりづらいチームに人は集まってきません。

私は少年野球（学童野球）の指導者の後に、リトルリーグに子供と移籍をしました。当時の監督さんからは「一緒に指導をしよう」とお誘いをいただいていたのですが、1年間はお断りして指導者ではなく父として、チームに携わらせていただきました。

その後も監督に熱心にお誘いいただき、1年後に私は指導者の立場に戻りました。しかし、私が指導者になって1か月で、数名の選手が退団していきました。

「練習が厳しすぎるから」

これがやめていった方々の理由でした。今までとは違う方針で、私が指導したからです。この退団をした方々に、私は今でも申し訳ない気持ちでいっぱいになります。入団したときとは、違う方針になってしまったわけですから……。

入団前に説明する重要性

これ以降、私は入団前に選手と親御さんに「ウチがどういう方針なのか」「どういうチームなのか」を、1時間ぐらいかけてお話をさせていただいています。

低学年に体験に来ていただいた選手と親御さんにも、高学年の練習を見学していただくようにしていました。低学年で入団しても、いずれは高学年になるわけですから、チーム全体の雰囲気を見ていただき、納得した上で入団していただきたいからです。

チームの方針は、いい悪いではなく考え方の違いです。ただ問題なのは、そのチームの方針がコロコロ変わることや、方針とまったく違うことをすることであり、それが原因で親や選手の不安や不満につながっていくケースになることが多いのではないでしょうか。

方針やスローガンは、お飾りや名目だけであるものではないのです。

方針が変わると何が起こるか

少年野球の監督になった私の友人の話です。チーム方針とは何か……を考えさせられる話でした。

少年野球と一言でいっても、本当にいろいろなチームがあります。厳しい練習をして、優勝を常に狙うチーム。勝敗にこだわらず、楽しい野球をするチーム……。

私は、いろいろなチームがあっていいと思うんですね。子供と親の考え方が多様化している現在、いろいろな選択肢があっていい。**【親御さんと子供がどういう景色を見たいのか】**を考えて、チームを選択すればいいと思っています。

友人が監督になった話

友人の彼は、数年前から監督になりました。
●親の当番一切なし
●勝ち負けの楽しさではなく、試合の楽しさを知ってもらうために、試合には全員を出す（公式戦も）
●練習は午前中のみ
●塾や他の習い事で休むのもＯＫ

彼が監督になるときに、

「こういう方針で、チームを運営していこうと思うんだがどう思う？」

と相談されたことがあります。

私が彼に言ったのは、

「チーム方針に正解や不正解はないよ。お前がどういうチームを作りたいかだと思うよ。ただ入団するときに曖昧にせず、方針を必ず伝えたほうがいい」

そう答えました。

彼のチームは今のニーズに合ったのか、地元でも評判になり、あっという間に人数が増えていきました。

勝ち負けという野球の楽しさよりも、全員が試合に出て野球の楽しさを知ってほしい……

彼はそう話していました。

中学や高校になると、試合に出たくても試合に出られない子が多くなる……だからせめて、小学校のときは全員を試合に出したいんだ……とも話していました。

彼は最初の方針通り、全員を試合に出していました。

最初は上手くいっていました。最初は……。

親の意見に変化が……

人数が多くなってくると、いろいろな意見も出てきます。彼から相談があると連絡が来て、会うことになりました。全員を試合に出す……と最初に話したにもかかわらず、親御さんから不平不満が出はじめたそうです。

「勝てる試合なのに、なんで全員出すんだ」

「なんで練習を休んでいる人間を試合に出すんだ」

こんなふうに……。

「本間……お前だったらどうする？」

そう彼が聞いてきたので、

「どうするって、これおかしくないか？　入団のときにきちんと説明したんだろ？　それで納得して入団したんだから……。ただ……」

と言うと、

「ただ……なんだ？」

と彼。

「お前はどうなんだ？　方針が変わったのか？」

と聞くと、

「いや……俺は何も変わっていないよ」

と答えたので、

「じゃあ、変える必要ないだろ。その方針で入ってきてくれているんだから」

と彼には伝えました。

方針が変わったときに……

数週間後……彼から連絡が来ました。

「チームをやめた」と……。

結局あの後、力の強い親のほうに負けてしまい、**【全員を試合に出す】**という方針を崩してしまったそうです。勝ち負けの楽しさではなく……と言っていた方針を変えて、大事な公式戦で勝ちにいったそうです。

その結果、話が違うと親からの猛反発に合い、たくさんの退部者を出してしまいました。

自分の中でも、もう監督を続ける自信がないということでした。彼は最後に私にこう言いました。

「ブレてしまった……」

そして、彼はうつむいていました。チーム方針の大切さを考えさせられる出来事でした。

お父さん監督が注意しなければいけないこと

現在の少年野球では、野球をする子供の数が減ってきています。そのため、必然的に指導者の数も減ってきているのが現状です。

そうなると、自分の子供がチームに在籍しながら監督を引き受ける、**【お父さん監督】**が多くなってきます。お父さん監督でも素晴らしい方はいらっしゃいますし、お父さん監督でない方でも指導にクエスチョンマークがつく方もいらっしゃいます。

お父さん監督の問題点

お父さん監督のケースで多いのが、最高学年の選手のお父さんが監督をする形式です。この形式であれば、1年ごとに監督が代わります。すると、「来年はあの監督だから方針が合わない」「あの監督ならやめる」という問題が起こってきます。

毎年、監督が代わってもチームとしての方針が変わっていないのであれば、不平や不満は出てこないのですが、1年ごとに監督が代わり、その年ごとにコロコロ方針が変わってしまえば、親子はどうしたらいいのかわからなくなるものです。

入団前に「ウチはこういうチームです」と伝えた説明が嘘になってしまいます。また、こういうチームは、部員数の浮き沈みが激しいという特徴があります。

いい監督であれば人数は集まりますが、そうでない指導者であれば人数は集まらないものなのです。

人が変わっても方針は同じ

誤解のないようにしていただきたいのですが、私はお父さん監督を否定しているわけではありません。ただ、人が代わっても、チームの大きな方針は変わらないほうがいいと思っています。そのためにも、低学年や高学年のＯＢ監督などと、方針の確認をすることはとても重要です。

もちろん、今までの悪い慣習や必要のないものをなくしていったり、方針は変わらなくても練習メニューなどの方法論を変えたりするのは必要なことです。しかし、一番根っこにある方針がコロコロ変わってしまえば、入団前の説明は何だったのでしょうか？　ということになります。

チームの方針がいいものであれば、それは毎年継続したほうがいいに決まっています。そうすることによって「あのチームはこういうチームだよね」という色が、周りにもはっきりしてくるのです。

指導者『同士』が指導者『同志』に……

仮に監督の方針があったとしても、それを監督一人だけが認識していても意味がありません。監督の方針を指導者同士で共有し、もちろん選手や親御さんに対しても共有していくことが大切です。

指導者の方が「うちはこういう方針だ」と言っていても、選手や親御さんがどういうチームなのかを答えられないのであれば、それは監督の方針がチームに浸透していないことになります。

まずは指導者同士で、この部分を共有していかなければなりません。私がありがたかったことは、私の考えに賛同してくれたコーチがたくさんいてくれたことです。

高学年と低学年のコーチの壁

コーチ陣とたくさんの意見を交わし、ときには意見が衝突することも多々ありました。しかし、指導者全員が子供のことを真剣に考えて**【方針が一本化】**されていれば、後々まで尾を引かないものです。陰口を言うよりよっぽどいいはずです。

私がチームにお世話になったときに感じたことは、各クラスの壁といえばいいのでしょうか……。

●学童野球では、低学年チーム・高学年チーム
●リトルリーグでは、ジュニア・マイナー・メジャー
●シニアやボーイズでは、Aチーム・Bチーム

こんなふうにチームが各クラスに分かれている感じでしょうか。そして、それぞれのクラスで指導している監督・コーチのみなさんがいらっしゃいます。いわゆる縦に分かれているわけですが、高学年のコーチが低学年の指導方針に陰口を言い、低学年のコーチが高学年の指導方針に陰口を言う。

こういうお話はよく耳にします。もっとひどいのは、高学年の中のコーチ同士が陰口を言ったりしているケースもあります。

高学年を受け持つコーチも、低学年を受け持つコーチも同じなんです。高学年を受け持つコーチのほうが、低学年よりも立場が上なんてことはありません。意見があるのなら、まず

は直接話すことを考えなければいけません。陰口は何の解決にもなりません。同じチームの**【指導者同士】**は、子供を同じ方向に導く**【指導者同志】**でなければいけないのです。

1年目のコーチだからこそ見えるものがある

話を聞いてくれない……そんなこともあるでしょう。これは、聞かれている側のほうに問題があるのかもしれません。チームに長く在籍している方は、**【意見を聞く環境】**を作っているでしょうか？

私もそうですが、長く在籍しているからこそ見えなくなっているものがあると思うんですね。指導メニューやチーム行事……。これらは、新しく指導者になってくれた人だからこそ、見えるものがあると思っています。

そういう方が意見を言おうとすると、

「新参者のくせに！」

「このやり方で何年もやってきたんだ！」

こんな状態では、意見を言える環境とはいえません。最初から聞こうと思っていないんですよね……こういう方々は。自分がすべて正しいと思っている人ほど、こういう言葉を発することが多いような気がします。

大切なことは**【子供のため】**という軸です。新しく入った指導者の方が、子供のためになるいい意見を出してくれるかもしれないのです。

すべては子供のため

その意見を聞いてから、取り入れるか取り入れないかを決めればいいと思うんです。最後まで話を聞かずに、否定してはいけません。

いい伝統を残しつつ、新しいものを取り入れていくことが大切ですよね。

【誰が言ったか】がときには大切なこともありますが、**【何を言ったか】**が本当に大切なことなのではないでしょうか。

コーチ同士の話し合いは、**【すべて子供のため】**に行われるはずです。長年やってきた行事や長年やってきた練習メニュー。もちろん大切なものもあれば、ひょっとすると必要ないものもあるかもしれません。今以上の意見が出てくるかもしれません。

私は、私の意見に誰も思ったことを言わなくなり、私の意見が100%通ったら、もうおしまいだと思ってるんですね。

私が指導者になりたてのころ、当時の監督は私の意見を聞いてくれました。

もちろん、私の意見が通らないこともありましたが、まずは**【聞く環境】**を作ってくれる監督でした。監督は私より10歳年上です。当時、30歳すぎと若い私の話を聞いてくれた監督の影響が、今の私の考えを作り上げているのだと思います。

そして、その我々に賛同して、一緒に「同志」になってくれた仲間たち。バントのときの右手の持ち方ひとつで、何時間も話し合って夜が明けたことが昨日のことのようです。

みなさんのチームでは、指導者がどれぐらい**【本音】**で意見を交わしているでしょうか？

チームに必要な監督力

みなさんのチームは、どんな色があるチームでしょうか？

打撃力。守備力。走力。投手力。

いろいろな**【力】**を強化されていることと思います。10点取られても11点取れる打撃力があるチーム。1点を取られないことにこだわる守備力と投手力のチーム。そして、健大高崎さんのように『機動破壊』の走力のチーム。どれも魅力的なチームです。

監督に必要なもの

私は、この他にもう一つ大切な「力」があると思っています。それは**【監督力】**です。

采配力はもちろんですが、私が言うここでの「監督力」とは采配以外の力です。よく間違えられるのですが、私は監督ではありません。長年、リトルリーグのヘッドコーチとして、10年以上同じ監督と一緒にやっていました。私だけでなく選手も、他のコーチも、親御さんも監督がみんな大好きです。

【子供たちのために】と、大人ががんばることは当たり前です。でも、**【監督のために】**という気持ちを、ウチのチームの人間はみんな持っています。

私が言う「監督力」とは、このように監督のためにもがんばろうと周りが思う力です。コーチも親御さんも選手も、そういう想いは力になるはずです。

怪我をしてもグラウンドに来てくれた監督

監督のエピソードを一つ。監督がゲーム形式でランナーをやっているときに、足を痛めてしまいました。

「明日の練習は無理しなくていいですよ」

とお話ししたのですが、次の日、グラウンドには監督の姿が。そして、足には包帯を巻いている……。

「どうしたんですか。休んでいいって言ったじゃないですか」

と言うと、

「それがさ……休もうと思ったんだけど……うちの母ちゃんが『あなたは子供が足を怪我し

たら休んでいいって言うの？　足を怪我していても、グラウンドでできることはたくさんあるでしょ！」って言われちゃってさ。その通りだなって……体は動かないけど練習は見れるからね」

とおっしゃいました。

監督の奥様……素敵すぎます。

神奈川を制した日……私と監督は人目もはばからず、抱き合って涙を流しました。

【この人のためにがんばろう】……そう周りから思われる監督が、監督力という力を持っているのだと思います。

この原稿を書いていて、久しぶりに監督と二人で飲みたいなと思いました。

あのころに比べると、二人ともお酒が弱くなりましたが……。

キャプテンと副キャプテンの決め方

新チームの一番のキー、それは**【キャプテン】**です。

主将決めは、1年間その選手を先頭にチームががんばるわけですから、大切な決め事です。

キャプテンにする理由

みなさんのチームでは、主将はどのように決められ、どのような選手が選ばれているのでしょうか？

選手間同士の投票や、話し合いで決めるチームさんもあるようですが……。

私のチームでは、監督、コーチの間で話し合いをして決めています。そして、どのような選手がキャプテンとして選ばれるのでしょうか？

野球が上手い。視野が広い。声が出る。闘争心が表に出る。

いろいろな要素が、キャプテンとして必要とされます。

でも、私がキャプテンを選ぶときの条件は一つです。それは**【意識レベルが高い子】**です。

意識レベルというのは、もちろん野球の技術的なものもあります。

もっと上手くなりたい。もっと練習したい。もっと勝ちたい。

まずは、こういう気持ちを持っている選手。そして、野球の技術以外の意識レベルが高い選手。

周りの選手に声をかけられる。自分から嫌なことを率先して動ける。

私は、そういった意識レベルを持つ子をキャプテンとして選んできました。

「君の意識レベルで、このチームは1年間戦う。だからこそ、君の意識レベルが下がれば、チームの意識レベルも下がるということだ。チームの意識レベルが下がれば、技術レベルも下がるということだ。君の意識レベル＝チームレベルだ」

そう毎年話してきました。主将という任務は、誰にでもできるわけではありません。まずは【強さ】を持っている子。ただ、その強さだけだと人がついてこなくなるときがあります。

そこで出てくるのが【優しさ】です。【強さと優しさ】を合わせ持つ主将が理想です。

チームがまとまりません

ある代のキャプテンに指名した選手がいました。その選手は、強さは持っている子でした。しかし、その【強さ】を【偉さ】と間違えてしまう場面がたびたび見受けられました。

「おい！　ちゃんとやれよ！」

「何やってんだよ！」

新チームになって1か月……そんな言葉が目立ちはじめた彼が、私にこう言ってきました。

「チームがまとまりません」

彼もいろいろと考えていたのでしょう……。

「最初にチームをまとめようと思っているから、まとまらないのかもよ」

私がそう言うと、

「どういう意味ですか？」

と彼が聞き直してきたので、

「みんなが何を考えているかわかる？　どういうチームにしたいってみんなの意見を聞いたことがあるか？　前提として君は『俺の言うことを聞け』と思っているんじゃないか？　まずはみんなの意見や考えを聞いたらどうだ？　まとめるっていうのはその後だよ。みんなの思っていることがわからなければ、まとめようがないんだよ」

そう答えました。それから、彼はみんなの話を聞く「強さと優しさ」を兼ね備えるキャプテンになっていきました。

最初に**【まとめようとする思い】**が強すぎると、自分の意見で抑え込もうとしてしまいがちになります。まずはみんなが何を考えているのか……それがわからないと、チームをまとめることはできません。

主将より決めるのが難しい副将

キャプテンよりも選ぶのが難しいのが「副キャプテン」です。少年野球の副将の多くが、**【名前だけ】**になってはいないでしょうか？

主将が休んだときにだけあいさつを言う、**【形だけの副将】**というのは私の頭の中にはないんですね。現に『副将なし』の年代が、私の指導してきた中にはあります。私は新チーム立ち上げのときに主将は決めますが、副将は決めずにスタートすることが多いです。

でも、しばらくチームを見ていると「ん？　この子はこういう動きが取れるんだなあ」と思える子がいるんです。

主将が誰かに少し厳しいことを言ったときに、フォローの言葉をかけに行く子。逆に主将にも意見を言える子。こういう子が出てきたときに、途中から副将にすることが多いです。新チームをスタートしてから、見えてくるものもありますから。

ですから、新チーム結成時に慌てて副キャプテンを作る必要はない気がします。先ほど、主将には「強さ」が必要だと書きましたが、その強さが強すぎて、周りがついてこられないときがあります。

副将に私が求めるのは**【優しさとバランス】**です。

「優しさ」を持っている子が副将になると「バランス」よくチームが動き出します。キャプテンと副キャプテンがしっかりしているときは、やはりチームが強いものです。

チームが変わるときはどんなときでしょうか？

チームはその年によって変わります。強い年代のときもあれば、なかなか勝てない年代のときもあります。

チームが伸びるときというのは、強い弱いだけではないと思っています。チームが変わるときというのは、指導者の考えと子供の考えが本当の意味で合致したときだと思います。

指導者のビジョン

そう考えると、まず指導者がどういう野球をしたいのか……子供にどういう野球をしてほしいのか……という【ビジョン】が必要です。それは、言い換えれば【信念】と呼ばれるものかもしれません。

方法論の違いはあれど、こういう野球を子供に伝えたいという気持ちは、指導者であればみなさん持っているはずです。私であれば、

①チームの大切さ
②感謝の気持ち
③自分で感じ、考え、行動できる選手

まだまだありますが、この３つは特に大切にしている部分です。しかし、指導者になりたてのころは、こういう考えを持っていても子供になかなか届きませんでした。経験値が足りないこともあったでしょうし、その方法論もまだまだ未熟だったと思います。少しずつは浸透していくのですが、自分の中ではまだまだでした。

素晴らしいチームとの出逢い

私が指導者になって5年目のころ。その年代の選手が素晴らしいチームでした。キャプテンを軸に副キャプテンも機能し、全員が全員を認めているチーム。道具の出し入れも私の指示を待つことなく、すべて自分たちから行動するチームでした。

それまでは、子供に任せようと思っていても、結局自分が指示を出してしまうこともあったのですが、この年代は本当に**【自ら動いてくれるチーム】**でした。こういうチームを作りたいという考えと、選手の考えが一致していました。こういう良いチームを1年だけで終わらせてはいけないと強く感じたものです。

ですから、この学年の一つ下の年代に、

「1年後に先輩と同じことができるよう、目で見てわからないことは聞くように」と言いました。何かあっても、私からではなく1学年上の先輩から言ってもらうようにしました。

つながれていく伝統

1年後……一つ下の年代が最上級生になったときに、彼らは先輩に負けないぐらいの良いチームになっていました。さらに、その中から自分たちでいろいろなものを付け加えていきました。こうなると、また一つ下の年代が彼らを見て育っていきます。

気がつくと、私が選手に指示を出すことはほとんどなくなっていました。

選手同士である程度できるようになっていたからです。

指示を待たなくても動くことが当たり前のチームになり、落ち込んでいる仲間に声をかけることが当たり前のチームになりました。

チームが変わるとき……自分の理想に近いチームに出会ったときに、その1年で終わらせないことです。強い弱いは年代ごとにあるかもしれませんが、**【チームの色】**は変えないことが大切なのではないでしょうか？

そして、それは**【伝統】**と呼ばれていきます。その伝統に、また良いものがどんどん肉付けされていく。強い年代もあれば、なかなか勝てない年代もある。

でも、チームとしてずっと変わらないものもあるはずです。それが、その後の野球で活きてくるはずですから。

間違えたプラス思考のチーム

一人ひとりの技術があるのに、なかなか勝てないチームと勝てるチームの違いはどこにあるのでしょう？

野球選手はプラス思考がいいといわれています。でも、**【本当のプラス思考】**をわかっている選手と、プラス思考を勘違いしている選手がいます。

間違えたプラス思考とは

「何とかなる」「どうにかなる」……ときにはこういう【開き直り】が必要な場合もありますが、何でもかんでも、「何とかなる」「どうにかなる」と考えている選手やチームはなかなか勝ちきれません。

こういうチームは大勝で勝つことはできますが、接戦をモノにできなかったり、力が拮抗しているチームと対戦すると勝ちきれなかったり、終盤で逆転されたりという特徴を持っています。「何とかなる」「どうにかなる」そう思っていても、その具体的な方法論がないままプレーをしているからです。

ですから、勝っているときは元気な声が出ますが、緊迫した展開や逆転された状況では一気に元気がなくなります。プラス思考を間違えてしまっているわけです。

本当のプラス思考とは

【何とかする】【どうにかする】……こういうふうに一人ひとりが考えているチームは、接戦に強かったり逆転をされないチームだったりします。

最終回、一打逆転サヨナラ負けの場面で、チーム全員が「何とかなる」「どうにかなる」……と思っているのではなく、「何とかする」「どうにかする」と思っているチームは、一人ひとりが【やるべきこと】を理解しているのです。

何とかするために、今自分ができることは何なのか。どうにかするためには、具体的に何をすればいいのか。

ピンチといわれる場面で、どうにかなるという**【他力】**ではなく、どうにかするという**【自力】**を全員で考えているチームこそが、本当のプラス思考なのです。

ピンチの場面であらゆる想定とその練習をしてきたからこそ、プラス思考になれるのです。ピンチの場面で「こういう場面が来た！　最高だ！」と思えるチーム。一見、ピンチに見える場面で、このように思えるチームが本当のプラス思考だといえるのです。

ミーティングがチームを変える

みなさんのチームでは、どのようなミーティングをされているでしょうか？　よく試合後に、監督さんやコーチの方が大声で怒鳴っている場面を見かけます。ときには叱ることも必要ですが、ミーティングの本来の目的は何でしょうか？　**【今日の試合を次に活かす】**ことが目的のはずです。

子供たち同士で話をさせる

試合終了後に、監督さんやコーチの方々が一から十まで指摘してしまうミーティングを見かけます。私は、まずは子供に感じたり考えたりしてほしいんですね。**【自分で気づいたこと】**のほうがその後も心に残りますから。

そして、グラウンドに立っていた選手にしかわからないことがあるはずなんです。ですから、まずは子供同士で話し合いをしてもらっています。

子供同士で気づけなかったことに指導者が話をする

子供同士で話し合った後、「〇回の中継プレーが乱れた」「初回の入りが悪かった」こんなふうに私に話してきます。そこには、子供同士の話し合いで気がつけなかったこともあります。その部分を、我々指導者が今度は話す番です。

「今日の試合……どこで流れが変わったと思う?」子供同士で気づけなかった箇所を、指導者は肉付けするくらいでちょうどいいのだと思います。

子供に話すのは一人か二人でいい

監督・コーチの方が全員、試合後に子供たちに話をするチームさんもあることでしょう。それも一つの方法だと思いますが、子供たちからしてみたらどうでしょう。「ミーティング長ぇなあ」そんなことを思っている子供もいるかもしれません。

指導者の方が10人いたとしたら、10番目の方の話のときには、子供は集中力を欠いていると思います。ですから私は、話すのは監督とヘッドコーチだけで十分なのではないかと思っています。しかし、いろんなコーチの意見があったほうが、いろいろな角度から見るメリットもあります。

そこで、私は子供同士でミーティングをしているときに「今日の試合で何かありますか？」と全員のコーチの方に意見を聞くようにして、その意見と自分の意見をまとめて子供に話をしています。

できていたことを確認する

負けた試合のときに、ついつい忘れてしまうことがこれです。負けたことによって、『できなかったこと』ばかりの意見になってしまいがちになりますが、負けた試合でも**【できていたこと】**や**【がんばっていたこと】**があったはずなんですよね。それを、負けたばかりについついつい見失いがちになります。

できていたことに気がつかないと、練習メニューや練習時間が変に変わってしまうということも起きます。負けた試合では、できなかったことばかりに目が行きがちになりますが、できていたことやがんばっていたことを指導者が見逃さないことです。

試合終了後のミーティングは、今後の練習メニューや目的意識を持つためにとても大切なことなのです。

集めるチームではなく集まるチームに

部員数が減少しています。部員数を増やすいい方法を教えてください。少年野球やクラブチームの関係者の方から、よくこのご相談を受けます。

何をしていらっしゃいますか？　と尋ねると大概の方から、

「体験会を行ってます」

「ポスター貼りをしています」

というお答えが多く返ってきます。

▼体験会はきっかけになるが……

体験教室やポスター貼りなども、「きっかけ」の一つではあるでしょう。たしかに、体験会やポスターは動き出すきっかけを与えます。しかし、これらのことはあくまでもきっかけにすぎません。最終的に入部するかどうかで、一番大切なことはチームの**【中身】**です。

▼部員数が減少しているのはなぜでしょう？

入部を検討している親御さんたちがまず移す行動は、チームの親御さんに「どういうチームか？」と聞いてくることでしょう。

人数がいないというのは環境的なこともあるでしょうが、残念ながら人数が集まらない**【原因】**があるはずです。

ですから、体験会の前にやらなければいけないことは、その原因について腹を割って一度チーム内で話し合うことです。

部員数が減少する理由は何でしょう。

①指導者の教え方に魅力を感じない
②親の当番について
③親の上下関係など、親同士の関係が悪い

長く在籍していればいるほど、感覚がずれてくることがあります。それが**【体質】**となってしまっていることもあります。そして、何度もお話ししたように、チームの方針がありその方針に魅力があるのかどうか。

体験教室やポスター貼りの前に、一度「中身」をしっかり話し合わなければ、体験教室やポスター貼りなどの「外見」だけでは効果は上がりません。

体験会やポスターを貼ることは、一つの「きっかけ」にしかすぎません。

本当に大切なことは【チームの中身】なのです。

大切なのは中身

また、体験会を開いて事実と違う説明をしたり、あやふやな説明をしたりすれば、入団後に揉め事となりさらに悪いイメージになります。【事実をしっかり伝える】ことが大切です。

体験会を何回開催しても人が来ない。人が来ても入団しない。

こういうことが何年も続いているようであれば、体験会を開催するよりもチームの中身をもう一度じっくり話し合ったほうが賢明です。

【集めるチームではなく集まるチーム】に……。

あるチームが部員を増やした方法

野球人口が減少しているというニュースを、よく耳にすることがあります。

指導者の問題、親の当番などの負担、プロ野球中継をテレビがやっていない……さまざまな問題が取り上げられています。

そして、【子供が野球をする場所がない】ことも大きな理由の一つです。我々が幼少のころは、学校から帰ってくるとカバンを玄関に投げて、プラスチックバットとゴムボールで空き地や公園で野球をしていた毎日でした。

公園で野球ゲームをする子供たち

ところが、今はどうでしょう……公園や空き地で、プラスチックバットとボールを持っている子供を見かけることはありません。

そもそも『空き地』自体も見かけないかもしれませんね。『ドラえもん』に出てくるような、野球ができるスペースの空き地を今は見かけることがありません。

なぜ、公園で子供たちは野球をしなくなったのでしょうか？

しなくなったのではなく『できなくなった』というほうが正解ですね。公園の看板には『バットを振ることを禁止します』『ボール投げを禁止します』

このような規則が書かれています。

空き地もない、公園でも野球ができない……彼らは『ゲームの中での野球』しかできなくなり、公園で『ゲームの野球』をするといういささか奇妙な光景を我々は目にするわけです。

我々が子供のころに公園で遊びながら野球をして、いろいろなことを覚えていたことを、彼らは今、ゲームというバーチャルの中から学んでいるのが現実です。

▼平日の学校開放

先日、ある学童野球の監督さんから「練習を見てほしい」というご依頼を受けました。練習終了後、指導者の方と保護者の方と食事に行った際に、監督さんが「平日も少しでいいから、子供たちに野球をやらせたいのですが……今はそういう場所もなくて……」そうおっしゃいました。まさに今書いた通りの話でした。

「監督さん……小学校のグラウンドを、土日使わせていただいているんですよね？」

と聞くと、

「はい……それが何か？」

と監督さん。

「校長先生に、平日校庭を貸してもらえるようお願いしたらいかがですか？」

そうご提案させていただきました。

その数日後……。

「月に2回ほどですが、校庭の使用許可が出ました！　ボールはゴムボールだけ。保護者が一人立ち合うことが条件ですが、保護者の方も、みんな喜んで賛成してくれました」

こうお電話をいただきました。保護者の方の負担は増えてしまいましたが、みなさん快く承認してくださったのが何よりでした。

大人が環境を与えてあげる

その監督さんと先日、食事をさせていただきました。

「子供たちがバッティングベースをしている姿を見ると、昔を思い出します。みんな楽しそうにボールを投げ、バットを振っている姿を見ると、本当に嬉しいですよ。いい意見をありがとうございました」

そうおっしゃった監督さんは、続けてこうお話ししてくれました。

「そうそう本間さん。このグラウンド開放日は**【野球日】**といわれるようになって、チーム以外の子もたくさん来てくれるようになったんですよ。そうしたら、野球をやりたいって言ってくれる子が出てきて、部員がどんどん増えているんです」

「昔のように子供たちに野球を楽しんでもらいたい」という監督さんの想いが、『部員が増える』ことにつながったのです。**【子供たちに野球ができる環境】**を、地域の大人たちが整えてあげることも、今の時代には必要なのかもしれません。

合併チームの問題点

野球人口が減り、少年野球は**【合同チーム】**でなければ試合ができないところも多くなってきています。また、合同チームではなく**【合併】**という選択をされるチームも出てきています。もちろん、合併して上手く運営されているチームさんもあることでしょう。最近、この合併についてのご相談をよくいただきます。

合同チームから合併チームへ

先日、私に来た相談内容です。

私のチームは、ここ数年9名を確保することが難しい状況です。隣町のチームも同じような状況で、ここ数年「合同チーム」という形で公式戦に参加していました。子供たちは仲良くなり、ユニフォームが違うだけでまるで同じチームのようでした。

私のチームの監督さんと隣町のチームの監督さんが、大会ごとに監督を交代して指揮を執っていました。見た感じ、そんなに仲が悪いようには見えなかったのですが……。

私のチームの中で合併チームの話が持ち上がったとき、隣町のチームでも合併チームの話が上がっていたそうです。私のチームの中では大多数が合併に賛成でしたが、数名の方が反対で「合併するならチームをやめる」という人もいました。

隣町のチームも、似たような話し合いの結果だったそうです。しかし、隣町のチームはさらに状況が悪く、監督さんも「合併するなら俺はやめる」と言っていたそうです。

理由は**【野球観が合わない】**から。

結局、チームは合併チームとして生まれ変わりました。しかし、隣町の監督さんはチームを去り、合併チームになったことで両方のチームから3名の退部者が出ました。

これって普通のことなのでしょうか？　仕方ないことなのでしょうか？

大切なのは子供の気持ち

非常に難しい問題ですね。

合併チームになるということは、今まで積み重ねてきたチーム名がなくなったり、伝統あるユニフォームがなくなったりすることもあるでしょう。ＯＢの方にもご相談しなくてはいけないでしょうし、本当に大変なことだと思います。

ただ、監督をやりたい、やりたくないなどの大人の考えが最優先されるのではなく、**【今いる子供のことを最優先に考える】**ことが一番大切なはずです。

【大人の見栄】ではなく、**【子供の気持ち】**を一番に考えてほしいものです。

全員が納得する答えというのは難しいかもしれませんが、少しでも多くの方が納得できるよう、何度も何度も話し合いを重ねるしかないのではないでしょうか？

過去や伝統も大切ですが、一番大切なのは、今の、そして**【未来の子供】**なのではないでしょうか？

野球チームを選べる時代に……

私のところに来るご相談の中でも、最も多いのが**【チームをやめたい】**という内容のものです。

チームをやめたい理由は人それぞれであり、それがいいか悪いかというお話ではなく、「移籍できない」または「野球を始めたいけれど方針が合わなくて入団できない」という問題について、ここでは書かせていただきます。

移籍ができない地域

みなさまの地域では、どこまで移籍が許されているでしょうか？　地域によってバラバラなのではないかと思います。

①その小学校に通っている子供はその小学校のチームにしか在籍できない
②隣接しているチームであれば入団・移籍が可能
③学区・区など広い範囲で入団・移籍が可能

今回は、この①についてお話をしたいと思います。

①は入団するときも選択肢はなく、移籍もできないというケースです。ということであれば、リトルリーグや他の団体への入団や移籍しか選択肢がないのですが、地域によってはリトルリーグやボーイズリーグなどがないところも多くあります。

過疎部や地方になると、特にこういう話が多くなってきます。移籍ができないその小学校に通っている子供は、その小学校のチームにしか在籍できない。これも、**【地域愛】**や同じ小学校の仲間でがんばることを知る大切なことだとは思います。

さまざまなニーズがある現代

しかし、野球少年の人口は減り、**【少年野球】**に対する考え方も昔とは違い、さまざまな考えを持った親子が増えてきています。厳しさを求める親子もいれば、勝敗に関係なく楽しさを求める親子もいらっしゃいます。

どちらがいい悪いではないし、考えを白黒させる必要もないと思います。

ただチームはその**【方向性】**をしっかり打ち出し、事前に説明をする必要性があると思っています。

その方向性が違うと認識しながら入団すれば、それは合うわけがありません。以前は、一つの小学校に2チームあるところも多かったでしょう。それが、今は一つの小学校に一つのチームになり、多くのチームで人数が集まっていないのが現状です。

中学や高校になれば、自分の行きたいチームで野球ができるのに、少年野球のチームを選べない。移籍ができない。①のケースに住んでいらっしゃる地域の方々はそんな状況になっています。

▼チームを選べる時代へ

こういう問題こそ、**【野球が閉鎖的】**といわれるような気がしてなりません。少年野球も**【チームを選ぶ時代】**に変わっていくべきなのではないでしょうか？　そうなれば**【方針がない＝魅力がないチーム】**はなくなっていくことでしょう。

もっといえば、野球人口が少なくなってきているのに、チーム数がまだ多すぎる地域があるともいえます。大人のエゴだけで存続しているチームやあぐらをかいてきたチームは**【選ばれる時代】**になれば、なくなっていくのは当たり前です。

応援されるチームとはどういうチームか？

応援されるチームについて、私の指導していたある年代のお話をしたいと思います。

▼神奈川一になる

新チームでの最初のミーティングで、1年間の目標を決めます。もちろん決めるのは私ではなく、選手自身です。県大会優勝、全日本選抜出場……毎年、大体同じような目標になります。

この年代も自分たちで1年間の目標を話し合い、私のところに「本間さん、このチームの目標は**【神奈川一になる】**に決めました。そうキャプテンの選手が報告に来ました。「ん？　神奈川一？」と頭の中で考えていると、選手が全員私のところに来てニヤニヤしながら私を見ています。

「本間さん、神奈川で優勝だと思ってるでしょ？」

そう一人の選手が言ってきたので、

「ん？　違うの？」

と聞き返すと、今度は別の選手が、

「いや、もちろん神奈川で優勝することがまずは目標です」

と答え、

「でも、それだけではないんです。すべて神奈川一になります」

その選手はキラキラした目で私を見ていますが、まだ話がよくわからずに、

「すべてって？」

と私が聞き返すと、いろいろな選手が代わる代わるに答えてくれました。

「声！　神奈川一」「道具の手入れ！　神奈川一」「グラセン！　神奈川一」「チームワーク！　神奈川一」

なるほどと思うと同時に、小学生でここまで自分たちで考えられるようになった選手を誇りに思いました。

私は**【目標はお飾りであってはならない】**と選手たちに常々言ってきました。目標は決めることが目的ではなく、達成するためにあるもので、そこに向かって努力することが大切だとも話してきました。

もちろん、その目標が達成されないときもあります。しかし、その目標達成を真剣に信じて達成しようと努力することが、彼らの今後のために活きてくれるはずです。

グラウンドに響く神奈川一の声

よく目標を明確にしていないチームさんがありますが、人間というのは目標というものがなければ、**【なんとなく】**になってしまうものです。目標というのはある意味**【欲】**です。優勝したい、野球が上手くなりたい……そういう欲が目標になっていくのです。
この年代は**【神奈川一になりたい】**という明確な目標を立てたおかげで、練習中から目的意識が素晴らしいものでした。声が小さかったり、意味のない声を出したりしていると、

「その声は神奈川一じゃないよ！」

「このカバンの並べ方は神奈川一じゃないぞ！」

いろいろなところで、「神奈川一」という声が響き渡っていました。そうすることで、チーム全員が本気で神奈川一を目指していたのです。**【あいさつ・道具の手入れ・グラウンド整備】**……彼らの年代は、本当にどれもが素晴らしいものでした。いつからか練習前に、グラウンド内の掃除や草むしりも自主的にしているようなチームでした。

そんなあるときに、

「本間さん、集合時間を10分早めてもいいですか？」

とキャプテンの子が聞いてきたので、

「それは別に構わないけど、理由は？」

そう私が聞くと、

「グラウンドの前の道路の清掃をさせてください」

と答えてくれました。

地域に応援されるチーム

翌週から、道路の前を清掃する選手の姿がありました。その姿は嫌々やっている姿ではなく、義務でやっている姿でもありませんでした。それは、子供たち自らが決めたことだからです。

それから数か月して、さらにこのチームに驚くべきことが起こります。道路を清掃する彼らに、通りがかるたくさんの人が声をかけてくれるのです。

「いつも、ありがとうね」

「君たちのあいさつから元気をもらっているよ」

彼らにたくさんの人が声をかけてくれるようになっていました。声をかけてくださる方は年配の方が多かったのですが、自然に選手と仲良くなってくれました。

「今度の試合はいつだい？」

「応援に行くからね」

そんな声までかけてくださる方がたくさんいました。

そして神奈川一に……

ある大切な公式戦のとき、

「本間コーチ！　すごいですよ！」

と、一人の親御さんが興奮した様子で私に駆け寄ってきました。

「どうしたのですか？」

と聞き返すと、

「あれ見てくださいよ!」

その指の先には、たくさんの年配の方々が応援に来てくださっている姿が……。そして、ウチの選手たちと楽しそうに話す姿がありました。大事な試合前なのに、その光景を見ていて涙が込み上げてくるのを我慢したことを覚えています。

彼らが自ら道路の清掃を始めていなかったら、こんな光景は見られなかったでしょう。自分の子供でも孫でもないのに観に来てくださったたくさんの方々の姿は、今でも私の心にしっかり残っています。

試合は序盤劣勢だったものの、終盤で逆転をして勝利しました。試合後に喜び合っている選手と年配の方々の姿を見ていると、

「応援されるチームって素晴らしいな。そして応援されるチームは強いな」

と思い、今度は込み上げた涙を我慢することができませんでした。

そして、このチームは神奈川県大会で優勝して、目標通り神奈川一になりました。そして、その他のことでも**【正しく神奈川一】**になったチームでした。

みなさんの少年野球のチームは故郷になっているでしょうか?

みなさんのチームは卒団生が帰ってきていますか？　少年野球を巣立ち、中学野球や高校野球という一つの区切りを終えた教え子たちは、**【野球の故郷である少年野球】**に帰ってきているでしょうか？

彼らにとって、野球のスタートであった少年野球は原点です。つらいとき、嬉しいとき、野球をやめたくなったとき、いろんな節目のときに、卒業した選手たちが戻ってくるチームでしょうか？

声をかけてもらえなかった

先日、こんなメッセージをいただきました。

息子が高校野球を終え、出身チームの少年野球に顔を出してくると言ってきました。「当時の指導者の方はもう在籍していないよ」と伝えたのですが、「自分の出たチームだから、練習を手伝ってくるよ」と嬉しそうに出かけていきました。しかし……。

数時間後に、息子は浮かない顔で帰ってきました。案の定、知り合いの指導者は誰もおらず、まったく相手にされなかったと……。声もかけてもらえず、黙って帰ってきたようです。指導者の方が代わっていたとはいえ、息子にとっては原点である少年野球のチーム。何だかとても残念な気持ちになりました……。

きっと……この子はもう自分の出身である少年野球に帰ることはないでしょう。とても残念なお話でした。

OBを大切にしてください

自分自身が指導していなくても、同じユニフォームを着ていた同じチームの人間です。OBを大切にできないチーム。卒団しても一部の選手だけを優遇する指導者。本当に残念です。

【少年野球は彼らの帰る場所】であってほしい……そう切に思います。

先週、二十歳を越えた卒業生から電話がかかってきました。

「本間コーチ！　今、みんなで飲んでるんですけど、来てくださいよ！」

二十歳を越えてもこう言ってくれる教え子たち。私にはあの当時と変わらず、可愛い教え子のままです。

考動力

第2章

考える野球とは何か

子供の考える場面を奪う大人

【考える野球】……最近よく耳にする言葉であり、私自身もとても大切にしていることです。しかし、子供に「考えろ」と言うわりには大人が手を貸しすぎたり、口を出しすぎたりという場面が多いのです。

子供ができることに大人は手を貸さない

私のチームでは、「子供ができることに大人が手を貸さないでください」と入団前にお話をさせていただいています。子供自身が感じ、考え、行動していくことが野球のプレーや私生活、その後の人生にも**【大きな財産】**になると思っているからです。

そういうふうに接していると、小学校の高学年にもなると、ほとんどのことが子供の手で運営できるようになっていきます。道具の出し入れ・倉庫の片付け・ジャグの管理・練習試合や公式戦の本部席の準備など、「大人の手」を借りる必要性がありません。逆に、子供ができることに大人がどんどん手を貸していけば、子供は自ら考えて行動することをしません。

Aコーチと Bコーチの違いがわかりますか

私のチームでは、年内最後の練習時に大掃除をするのですが、倉庫を掃除するときにこんなことがありました。

チームに二つの倉庫があります。選手をAチームとBチームの2班に分けて、どちらが倉庫を綺麗に早く片付けられるか競争しようということになりました。

それぞれのチームにコーチをつけることにして、Aチームには私と一番長く一緒に指導してきたコーチを、Bチームにはコーチになって日が浅いコーチをつけました。

片付けが始まると、Aチームのコーチは何も指示しないで、ずっと選手の様子を見守っています。Bチームのコーチは、最初こそ黙って見ていましたが、だんだん口が出るようになってきました。

「おい！　それはそこじゃないだろう！」

「違う違う！　早くそれをこっちに持ってこい！」

次第に口だけでは我慢ができなくなったのか、コーチ自らが倉庫の片付けを手伝いはじめました。

結果は……もちろんBチームの圧勝でした。大人が手伝っているから当たり前のことです。

Bチームの選手とそのコーチは、ハイタッチをして喜んでいました。

Aチームのコーチは最初から最後まで一言も話さず、**【見守っているだけ】**でしたが、A

チームの選手は子供たちの手だけで倉庫の片付けをしました。喜んでいるBチームの選手と、肩を落としているAチームの選手に私はこう言いました。

「よし！　もう一回やろう！　ただし、今度はコーチをつけないから自分たちだけの力でやってみよう」

結果は……Aチームの圧勝でした。Bチームは子供だけになると、まったく機能しませんでしたが、Aチームは自分たちで考えて行動していたので、すぐに終わりました。

みなさんも良かれと思い、Bコーチのように子供ができることや子供が考える場面を、大人が奪ってしまっていないでしょうか？　子供ができることにむやみに手を貸したり、口を出したりすることはサポートではありません。それは**【過保護・過干渉】**です。

大人が待つ姿勢を持つ

子供ができないことをできるように導き、そして徐々に大人の手を借りず**【一人でできるようになるまで付き合う】**ことが、本当のサポートのはずです。また、本来子供ができることや、もう少しで子供ができることに、大人が最初からできないと決めつけて、やらせないことが多くなっていないでしょうか？

グラウンド整備や倉庫の片付けなどは、子供がすることによって時間はかかってしまうでしょう。大人がやったほうが早いのは当たり前です。

しかし、時間がかかっても、子供が自らの行動で一つひとつできることが増えていくほうが、私は指導者として嬉しく思います。

そのためには**【待つ姿勢】**ということが、我々大人に求められていることなのかもしれません。

考える場面をどう与えるか

では、どうしたら野球の場面で**【考える】**ことができるようになるのでしょうか？

何もないところから、いきなり急に「自分たちで考えろ」と小学生に言っても、それは無理があります。子供に考えてもらうために、大人がある程度の場面を作ることが、少年野球では必要になってきます。私が、練習の場面で行っていることをご紹介させていただきますので、よろしければ参考にしてみてください。

▼試合後の練習は自主練習

試合で見つかった課題があります。中継プレーが乱れたなどチームでの課題もあれば、バントを失敗してしまったなど個人の課題もあります。

私のチームでは、試合後に子供たちがそれぞれの課題に対しての自主練習を1時間ほど行います。バントを失敗してしまった選手はバント練習をしたり、パスボールが多かったキャッチャーはキャッチングの練習をしたり……その中でコーチが必要であれば、コーチが手伝います。**【今の自分に何が必要なのか】**を自分たちで考えて練習しています。

ホワイトボードに練習メニューを書く

私は朝一番に、ホワイトボードに今日の練習メニューを書き込んで、選手たちに伝えています。ホワイトボードに練習メニューを書くことによって、選手は次のメニューのためにどんな準備が必要なのかを考えていきます。

2か所のバッティング練習であれば、ネットがどこに何枚必要なのか？　を選手たちは考えて行動していきます。その場その場で練習メニューを決めてばかりだと、

「オイ！　ネットを2枚持ってこい！」

「ボールを2箱持ってこい！」

などと、指導者が指示をしてしまいがちになります。

もちろん練習している中で、イレギュラーのメニューが出てくることもありますが、そのときそのときでメニューを考えて練習するよりも、監督・コーチが連絡を取って事前に何の練習メニューが必要かを話し合い、土曜の朝に子供に伝える。行き当たりばったりのメニュ

ーを決めていると、子供自身の目的意識も薄くなります。

考えろサイン

私のチームでは、試合形式の練習や練習試合で**【考えろというサイン】**があります。これ、かなり面白いです。子供の野球観だったり、性格がわかったりします。練習試合のひとコマです。

1点負けている終盤の場面、ノーアウト一塁で「考えろ」のサイン。初球、バントの構えをして、2球目にバントを決めました。

この後に、私は必ず理由を聞くようにしています。

私「おーい、なんでバントしたの？」

選手「回も終盤なので、まずは同点にと思いました」

私「おー、なるほどな！　初球にバントの構えをして見逃して、2球目にしたのは何か意味があるのか？」

選手「様子を見ました」

私「どこの？」

選手「……」

私「ファーストとサードのどっちがチャージ強かったか見た？」

選手「いえ……見てません」

私「じゃあ、次からはよく見とけよー！　それからさ、1打席目でバント決めてたから、相手もここはバントかなって思ってたと思うんだよな……ってことは、初球にあと何かやれることはあったかな？」

選手「あ……初球にバントはなく強攻だと見せるために、空振りもありですかね？」

私「おー！　いいね！　それもありだなー。2球目にバントなら、初球をどうするのか、きっとまだまだあるぞー。考えて来週、俺に教えて！」

こんな感じです。こういうことのために『野球ノート』があると思うんですね。

私のチームには、バントのサインに一塁方向、三塁方向に……というのはありません。ただし、2球目にバントというサインはあります。ですから、この選手に公式戦でバントのサインを出したときに、練習試合の「考えろ」のサインが活きてくると思うのです。

「こうなったら、こうしろ」という機械的な指導だけではなく、いろいろ考えることによって、判断力が養えるはずです。

考えるためには観る力も必要

そして、考えるためには**【野球を観る】**ことも大切です。

プロ野球や高校野球をよく観ている子は、状況判断がよく理解できています。少年野球の場合、プロ野球だとレベルの差が大きく、また違うことも出てくるので、高校野球をたくさん観なさいと私は選手に伝えています。

そして、こういう選手は自分たちの試合が終わった後も、違うチームの試合をよく観ていますね。間違っても、鬼ごっこはしていません（笑）。

小学生でも、高学年になると「考える」ことができるようになってきます。そして、考えることが野球の技術にも大きな影響を与えていくのです。

考えるからこそ野球が楽しくなる

考える力の一つに**【先読み力】**があります。次のプレーで何が起こるのかを先読みする力。野球が面白く、そして難しいのは、次に起こるプレーの数が限りなくあるということです。その数だけ守っている選手の動きも変わってきます。

次に何が起こるかということを、たくさん頭の中で想定できる選手は、先読み力の数が豊富です。

先読み力と考動力

しかし、先読みをする力がいくらあっても、そのプレーに対して**【行動する力】**がなければ意味がありません。考えて行動する**【考動力】**を、練習でどれだけできてきたのかが大切になってきます。先読み力は、プレー中だけではありません。守りにつくときも、どれだけ先読みしているのかが問われます。

次のバッターは何番からなのか？　前の打席でどこに打っているのか？　流れはどっちにあるのか？　早く守備位置について、それらのことを先読みしなければいけません。

また外野手であれば、風の方向はどっちから吹いているのか？　内野手であれば、イレギュラーをしないように土をならさなければいけません。こういった**【準備】**も、立派な先読み力になります。何気なく守備についている選手に「先読み力」はありません。

先読み力のメリット

では、先読み力がついてくると、どんなメリットがあるのでしょうか？

①指示待ち人間にならない

次に何をしたらいいかを自ら考えていくことで、自主的に動く選手が多くなってきます。

②野球が楽しくなる

自らが先読みをすることで「やらされてる感」がなくなってきます。**【やらされている野

球】から**【やる野球】**に変わっていきます。

③チームが強くなる

先読み力のある選手が多くなってくれば……次の一球、次のプレーへの意識が大幅に変わるはずです。その結果……当然チームは強くなっていきます。

小学生で難しいとお感じになる場合は**【問いかけ】**をしてあげてください。

「1アウトランナー三塁……どうやったら点が入るケースがあるかな？」

「そのときにどういう動きをしなければいけないかな？」

問いかけをすることによって子供たちは考え、後々は自分で考えられる先読み力が身についてくるはずです。

そして、この考えることが**【技術】**の一つでもあると思っています。相手チームの力、自分のタイプ、イニング、点差……ここで自分が何をするべきか、何を必要とされているのかを考えることによって、**【向上心や自立心】**が養われていくのだと思うのです。

やらされている野球からの卒業

そうすることで、何よりも野球が奥深くなり、真の意味で野球が楽しくなっていく。「野球が楽しい」というのが**【一歩進んだ楽しさ】**に変わっていくと思うのです。

自分で考える場面が多くなればなるほど、野球の奥深さを知って楽しくなっていく。一から十まで大人が指示を出していけば、それは『やらされている野球』になるのです。やらされている野球になるから、野球がつまらなくなっていくのです。

私を変えてくれた試合

指導者になりたてのころ……私は一から十まで指示を出す指導者でした。

「グラウンド整備をしなさい！」

「昼食後は13時から練習開始！」

「フリーバッティングに入るから、ネットを4枚用意しといて！」

すべて私が指示を出していました。子供たちは自分で考えることなく、私の指示通りに動いていました。お恥ずかしい限りですが、私自身このときは何の疑問もありませんでした。

チームは、いいところまでは行くのに勝ちきれない……。

準決勝までは行けるのに、その先に行けない……。

そんな状態でした。

大事な試合で……

ある春の準決勝のとき……強豪チーム相手に2－1でリード。最終回……1アウト満塁のピンチ。私はタイムを取りマウンドに行き、内野手全員を集めてこう指示を出しました。「ファーストとサードはホームゲッツー。二遊間はセカンドとファーストでゲッツーを取りなさい」こう指示を出しました。

私の指示通りに……

次のバッターの初球。打球は三遊間の緩いゴロ。サードの選手が左手を伸ばしてよく捕ってくれました。サードの選手はホームに投げようとしました。でも、ボテボテのゴロの打球の上、体勢は崩れています。

ホームは諦めて、セカンドでフォースアウト一つがギリギリのプレー。

「間に合わない！」

そう私は言いましたが、サードの選手はホームに投げ……しかも、体勢が崩れていたため、そのボールは悪送球になりサヨナラ負けをしました。サードの選手は、私の指示通りにホームに投げたのです。何も悪くありません。

指示待ち人間を作らない

普段から私が指示を一から十まで出し、**【自分たちで考えるプレーができる選手】**ではなく**【私の指示でしかプレーできない選手】**を私が作り上げていたのです。

普段から考える力を養えていれば、あの打球と体勢ではバックホームは間に合わない、とサードの選手は自己判断できていたはずです。

野球というスポーツは、ゲーム中は選手一人ひとりが考えてプレーしなければなりません。それも瞬時にです。**【瞬時の判断力】**がゲームを大きく左右します。

その瞬時の判断力は、試合中だけで作れるものではありません。

この試合の後、今まで勝てなかった原因が私にあることに気がつきました。

普段の練習や私生活から**【自ら考える力】**を養っていなければいけない。あらゆる可能性の状況を想定して練習をする。そのプレー一つひとつの中で子供が考えていく。あの試合から私の考え方が変わりました。

勝てない理由も、指示待ち人間を作ってしまった私にあったわけです。

今、同じ場面のとき、私は選手にこう言います。

「ファーストとサードはホームゲッツー。二遊間はセカンドとファーストでゲッツー。ただし……状況判断はお前たちに任せる」

もしあのときに……この一言がいえるチームを作っていたら……今も、あのサードの選手に申し訳ない気持ちでいっぱいになります。同時に、私の指導方針が変わった試合でもあります。

わからないことに返事をさせない

「いいか！　わかったな！」という監督・コーチの声に「はい！」と元気よく大きな声で答える選手たち。

それは周りから見ると、元気のいい明るいチームに見えることでしょう。元気のいい大きな返事は、周りで見ている人間を温かい気持ちにします。

「はい」と言う子供たちは……

しかし、彼らはこちらが話したことを理解して「はい」と言っているのでしょうか？

今、若い会社員が、上司の言っていることを理解していないのに、返事をすることが多くなっているそうです。返事はするけど……理解していない。

実際に聞いてみると「すみません。わかりません」ということになったりするようです。言っていることがわからないけど、返事をしておけばいいだろうというタイプと、わからないけど聞けないというタイプがいます。

私は、技術指導や戦略面の話を子供たちにするときに、わかっていないなら「はい」と言わないようにと話しています。

わからないことをわからないと言うことは決して恥ずかしいことではなく、わからないことをわかったと言うことのほうが後々大変なことになるよ……そう話しています。

わかったか？　の質問を変えてみる

私は、普段は子供に勉強を教える仕事をしています。説明をした後に「わかった？」と子供に聞くとうなづいたり……「わかった」「なんとなくわかった」そういう答えが返ってきたりします。

「わかったか？」と聞けば、答えの選択肢は「わかった」という一つしかありません。

「どうだ？　わかる？　わからない？」と子供に聞くと「わからない」と答える子が増えてきます。聞き手が選択肢を、一つではなく二つ与えているからです。

もっといえば「わかった」という子に何がわかって、どんなふうに思ったのかまで聞くと、彼ら自身もさらに深いところまで考えてくれるようになってきます。

質問することを、聞き手が木の枝のようにどんどん広げていくのです。

「わからない」と言える雰囲気や聞き方が、子供の答え方を変えるかもしれませんね。

「はい！」を言わせることが目的ではない

監督・コーチや親の言うことに納得していないのに「はい」と答える子がいます。言葉では「はい」と答え、心では「NO」と答えている子供たちです。

これは、小学生ではなく子供から大人に変わりつつある中学生に多い気がします。

言葉では「はい」と言っているけど、心では納得していないのだろう……私が話していても、そういう子供は顔に出ています。そこで、子供に納得してほしいので、こちらの意図を話します。

【はいと言わせることが目的ではない】はずです。子供が納得していないのに「はい」と言わせることに夢中になってしまい、「はい」と言わせたことに満足してしまう。

それは子供に「不信感」を抱かせ、「指導者や親と子供のズレ」となり、そのズレはどんどん広がっていきます。

言葉では「はい」と言っているから、あの選手とは信頼関係ができていると思っていたのに……子供からすると信頼関係どころか「不信感」しか持っていないため、「あのコーチの言っていることが理解できない」とか「あのコーチが嫌だ」とかそういう話に発展していくことがあります。

心で「NO」と言っている選手にこそ、我々大人は耳を傾けなければいけないのかもしれません。

はいの語源

最後に「はい」の語源は3つあるそうです。

①《拝》を意識する返事⬇感謝、尊敬、褒めてもらったとき……感謝を込めて、「拝聴」させていただきますという意味。「拝」の語意を念頭に置き、「はい」と答える。

②《配》を意識する返事⬇目配り、気配り、心配りを払うとき……「言われることに十分気配りします」の「配」を意識し、「はい」と自分に言い聞かせるように言う。同時に「相手への気配り」も忘れない。

③《背》を意識する返事⬇指示、命令、指令、間違いなどを指摘されたとき……私は責任を「背負い」間違いなく行いますという心を意識し、相手の目を見ながらしっかり力強く「背（はい）」と返事する。

我々大人は、子供にどんな「はい」を求めているのでしょうか?

強制的に『説得』することを考えるのではなく、**【子供に納得してもらう】**ことが指導者に求められているはずです。

野球のプレーは私生活につながっている

野球のプレーには、私生活や社会に出てから役に立つことがたくさんあります。

キャッチボール

「相手のことを想って投げなさい」

キャッチボールでよくいわれる言葉です。相手のことを想って投げるとは、ゆっくりな弱いボールを投げることではなく、相手が捕りやすく、そして投げやすいボールを送球することです。

自分だけ気持ちよく投げるのが、キャッチボールではありません。どうやったら相手が捕りやすく、投げやすくなるのだろう……そうやって相手のことを考えるのがキャッチボールです。キャッチボールには会話も必要です。

「ナイスボール！」「おー！　いいね！」キャッチボールはボールだけでなく、相手の心と言葉も受け止めるのです。**【相手のことを想う】**……それは、きっと私生活や社会に出ても役に立つはずです。

中継プレー

中継プレーは、外野手から内野手……そして、キャッチャーへとボールがつなげられていきます。つなげられてくるのは、ボールだけではありません。声とチーム全員の心がボールに込められています。つなぐことはバッティングにもいえます。次のバッターにつなげよう。そういう【つなぐ気持ち】は、【チームの大切さ】【仲間の大切さ】を教えてくれます。

これも、私生活や社会に出てから役に立ちます。

▼カバーリング

何十回に一回しか起こらないかもしれない悪送球。その一回のために、全力でカバーやバックアップをする。これは、仲間のミスを最小限にとどめるため、周りは全力で走るのです。

もっといえば、仲間が全力のプレーができるように、周りは全力で走るのです。

野球だけでなく、私生活でも仲間のミスはあります。自分だってミスをすることもあります。それでも、【助けてくれる誰かがいる】ことで、またがんばれる。

私生活や社会に出ても、必ず役に立つ考え方、行動です。

『指導者』ではなく『指示者』だった自分

繰り返しになりますが、私がまだ指導者になりたてのころは【指導者】の姿ではなく、一から十まで指示を出す【指示者】だったと思います。

汚れている椅子

あるとき、汚れているテーブルがありました。テーブルを運んできた選手に「そこの汚れているテーブルを拭いといて」と指示をしました。

今考えてみれば、自分で運んできたテーブルなのですから、自分自身が汚れていることに気がついていない時点でおかしいのです。

一緒に運んできた椅子も汚れています。私の感覚の中では、当然、椅子も拭くだろう……そう思っていましたが、私の言った机だけを拭いて選手は去ろうとしました。パイプ椅子も彼が持ってきて広げたので、汚れていることは目に入っているはずです。私は彼に、

「ちょっとその椅子に座ってごらん」

と声をかけました。彼は座ろうとして、

「あっ……」

と小さな声を上げて、椅子を拭こうとしはじめました。

「君は自分が座る椅子なら拭くのに、誰かが座ろうとする椅子は拭かないのか?」

私は彼にそう尋ねると、彼は「すみません」と言って椅子を拭きはじめたのですが、その一つの椅子だけを拭き、周りの椅子は拭こうとせずに去っていきました。

できているのではなくやらされている

そのとき、声をかけようと思ったのをやめ、これは自分のせいだな……そう私は考え直しました。一から十まで指示を出している自分のせいで、彼らは自分で感じ、考えることができなくなっているのだと思い知らされました。

指示を出したことにテキパキと動いているのは、一見『できている』ように見えますが、それは**【できている】**のではなく**【やらされている】**以外の何物でもありません。

想像力がない

やらされているから、自分で感じ、考えることができない。

それが、野球にもまさに出るのです。現にこのチームは、試合になると私が指示を出さなければ、自分たちで動けないチームになっていました。

自分が座ろうとする椅子は綺麗にするのに、誰かが座るというところまで気配りができない。もしくは、椅子が汚れていることには気がついているのに、そこに座る人がどんな気持ちになるかまで心配りができないわけです。

この後、どうなるかということが考えられない。つまり**【想像力】**がないのです。いや、私がその想像力を奪っていたのだと思います。一から十まで指示を出して「テーブルを拭いて」「綺麗に椅子を並べて」これから先も、このような言葉を使っていては一緒だ……そう感じました。

それから、私は彼らにこう言うようにしました。

「すべて**【相手が自分だと思って行動】**してみよう」

椅子に座るのが自分だと思うこと。エラーした選手に声をかけるとき、相手が自分だと思うこと。重たい道具を出している選手がいたら、それが自分だと思うこと。要は想像力をつけてみようということです。

少しずつチームに変化が出てきました。数か月後、チームは大きく変わりました。大人がすべて指示を出せば、子供の想像力を失わせます。それが野球のプレーにも出てくるのです。

アップシューズのかかとを踏む理由

私は教え子に、**【私生活と野球はつながっている】**と、ずっとそう話しています。

これは、私の教え子の話です。彼は技術的には素晴らしいものを持った選手でしたが、逆にいえば技術だけの選手。ボールも真剣に追わず、真剣に追ったふりをするだけ。道具の準備も大人の前だけ、やっているふり。仲間がつらい練習をしていても、声をかけることもない選手でした。

アップシューズのかかとを踏んでいる選手

ある朝、グラウンドに入る前に、アップシューズのかかとを踏んでいる彼の姿がちらっと目に入りました。ランニングとアップが終わり、彼がスパイクに履き替えた後にアップシューズを見ても、明らかに今までずっと踏んでいたことがわかりました。ちょうどお母さんがいたので、

「アイツ……学校の上履きもかかとを踏んでいませんか？」

そう尋ねると、

「すみません……何度も言っているのですが……」

とお母さん。

「学校の宿題はどうですか？」

と聞くと、

「すみません……ほとんどやらなくて……」

と、お母さんは困った顔で答えてくれました。練習の合間に彼を呼びました。お母さんも一緒に……。

「グラウンドの外でアップシューズ踏んでんだろ？」

単刀直入に聞くと「あ……いや……」と答える彼。

「学校で上履きも踏んでんだろ？」

続けて聞くと、お母さんのほうをチラッと見て、

「あ……はい……」

と答えました。

「なんで？　なんでかかとを踏んでいるんだ？」

と私が聞きました。

「いや…別に……」

そうなんです。ちゃんとした理由なんてないんです。ただ一つだけなんです。

「面倒くさいんだろ？　それ以外に理由があるなら話してごらん」

と私がそう聞くと、

「そうです」

と小さな声で答えました。

プレーに出ている

「アップシューズや上履きをきちんと履くために、体をかがませるのが面倒くさいんだろ？　宿題をやるのも面倒くさいんだろ？」

黙って聞いている彼に、私は続けてこう言いました。

「君のその**【私生活の面倒くさい】**がもろに野球に出てるよ。ボールを真剣に追わないのも

同じだ。ボールを追うのが面倒くさいんだよ」

彼はまだ黙って聞いていました。

「そのアップシューズは君のお金で買ったのか？　親が汗水流して働いて買ってくれたものを、君は踏んでいるんだぞ。もっといえば、そのアップシューズを作っている人や買ったお店の人の気持ち……みんな君に野球をがんばってもらいたいと思っているんだよ。君が踏んでいるのはアップシューズだけじゃない。そういう**【人の気持ちも踏んでいる】**んだよ」

そう言うと、彼の目から涙がこぼれ落ちてきました。

「君は、野球をする技術はあっても、野球をする心になっていない」

そう彼に話しました。

「とりあえず、かかとを踏むのをやめてみろ。絶対にこれからかかとを踏まないと心に決めろ。そんな小さなことから人間は変わるものだ」

話し終わった後、彼は号泣していました。

そこから、彼は少しずつ変わっていきました。それは野球のプレーにも表れてきました。

私生活と野球はつながっている……やっぱり私はそう信じています。

「やる」と「やりきる」の違いを知った選手

練習態度や私生活が、野球のプレーに出るもう一つのお話です。

彼はウチのチームのエースでした。球の速さもコントロールも抜群のピッチャーでした。

しかし、どこか手を抜くところがある選手でもありました。

いいものを持っているのに試合中に突如崩れたり、なかなか結果を残すことができなかったりするピッチャーでした。

最後までやりきらない

その子の練習を見ていると、最後まで一生懸命やらないんですよね。ダッシュをしていても……最後の最後で手を抜く。10分間走をしていても……最後にスパートをかけられない。

もっといえば、お弁当の最後の一口を残すんです。

「【がんばるのは最後まで】だぞ。最後の最後までがんばることが、本当にがんばったことになるんだぞ」

そう何度か彼に伝えましたが、彼の心にはなかなか響きませんでした。「そのときが来ないとわからないかな」

本当に痛い目に合う前に言葉をかけるわけですが、本当に痛い目に合ったほうが本人には響く場合もあります……。

あと一人の場面で……

大事な公式戦で……3点リードのまま最終回へ。ピッチャーは彼です。球数もそんなに投げておらず、最終回も続投させました。簡単に2アウトを取って……あと一人。しかし、突如乱れて3連続フォアボール。タイムをかけてマウンドに行きました。「大丈夫です。最後まで投げます」彼は私にこう言いました。ベンチに戻ると、

「本間さん……ピッチャー交代させたほうがいいんじゃないですか?」

そうコーチから声が上がりました。でも、このチームで勝ち上がっていくには、彼のこういう部分での成長が必要であり、彼自身の成長のためにもこういう部分で強くならなければいけない。そう思って私は続投させました。そこからの彼はヒットを打たれ、さらにワイルドピッチ……3点のリードはあっという間になくなり、逆転サヨナラ負けでゲームの幕は下りました。

試合後、泣いている彼に私はこう言いました。

「最終回、2アウトを取って、勝ったと思っただろ?」

泣いてうなだれている彼の顔が私を見ました。

「まだ終わっていないのに……あそこで勝ったと思っただろ？」

そう私が言うと、彼はまた涙があふれ出てきました。

「普段から最後の最後までがんばらない人間が、試合のときだけ最後までがんばったりはできないんだよ。最後の最後までがんばるやつと、最後の最後に手を抜くやつの差がこういうところに出てくるんだ。わかるか？」

そう彼に話しました。彼の涙はさらにあふれ出しました。

やりきる大切さ

次の日、彼の野球ノートにはこう書いてありました。

【最後まで全力！】

そして、練習でも最後の最後まで全力でがんばる選手になりました。最後の公式戦の決勝で、2点リードのまま最終回へ。2アウトを取ったところで、タイムをかけようとベンチから出ようとした私に、彼が「大丈夫。わかっている」という意味で合図を送ってきました。その姿を見て、マウンドに行くのをやめました。ちゃんとわかっている……。

その後、最後のバッターを見事に打ち取り、マウンド上で喜んでいる彼の姿がありました。あの逆転サヨナラ負けの試合があったから、最後の最後で優勝できたのだと思っています。

【やること】と**【やりきること】**は違います。挫折をバネにした彼は、やりきることの大切さを知る選手になりました。

正論がすべて正しいわけではない

【正論】とは何かというお話です。

私が指導していたチームの話です。そのチームは全員バッティングがいい反面、ピッチャーと守りに不安があるチームでした。試合をしていても、打って大量点は取るのに、それ以上の失点をして敗れることが多くありました。そんな試合が続いた試合後のミーティングでのことです。

▼守備ではなく……

私は、ミーティングの最初は**【選手ミーティング】**にしています。今までだと、ミーティングで彼らは「失点を減らすために守備練習を多くする」こう話し合ってきました。まあ……普通そうなりますよね。「正論」だと思います。

ある日の選手ミーティング……なかなか終わる様子がありません。

キャプテンの選手が、私にこう言ってきました。

「やっぱり守備練習をたくさんしようという意見だったのですが…○○がバッティングをさらに強化しようと言い出して……本間コーチもミーティングに入ってください」

バッティングを強化しようと言い出した選手は、

「公式戦まであまり時間がない。今から苦手な守備練習をするより、バッティングで得点力を上げるべきだ」

と意見を口にしました。「正論」ではないかもしれませんが、これも一つの意見です。そうすると、数名の選手が彼の意見に同調しはじめました。

「5点取られても、6点取れるチームにしよう」

「打ち勝つチームでいこう」

結局、次の公式戦まではバッティング練習をさらに増やしていきたい……そう全員が私に言ってきました。

「守備練習も将来のためには必要だから、守備練習はやる。ただし、バッティング練習の時間をさらに長くして効率よくやる」

と彼らに話しました。そこから、今までとは違う部分が見られるようになってきました。

選手に表れた変化

今までの試合であれば「エラーをしないように」という意識が強く、何点取ってもひっくり返されるのではないかという気持ちだったのが、エラーをした選手に、

「想定内……想定内（笑）。打って取り返すぞ！」

「エラーOK！　次の打席で頼むぞ！」

試合中にこんな声が多くなってきました。同じチームなのに……別のチームのようになっていきました。結局、このチームは**【打ち勝つチーム】**になって優勝をしました。エラーをしないようにという意識だったのが、エラーをしても打ち勝てばいい……という意識に変わったのでしょう。

あのときの彼が言った「正論」ではないと思った意見が、チームを優勝に導いたのです。我々はどうしても子供に「正論」を求めてしまいがちになります。

しかし、**【正論などどこにもない】**のかもしれません。

選手への「質問」が「尋問」になっていないか

私は子供に、練習中やミーティングで多くの質問をします。本当は子供自身が考え、子供

自身が答えを出すことが望ましいのですが、小学生には自問することがまだまだ難しい部分もあるので、私から質問をします。質問をする意図は、子供に考えてほしいからです。この**【考えること】**が野球にも私生活にも影響してくると思っています。

質問は尋問であってはいけない

周りから見て、明らかに暴走の走塁があったとします。それでも私はまず選手に質問をします。

「あの場面……なんで走った？　何か意図があったのかな？」

「ベースが一瞬空いたので、行けると思いました」

子供はそう答えました。

「そうか……たしかに一瞬空いてたな。でも今は勝ってる？　負けてる？　回数は序盤？　最終回？　打順は？」そう聞くことによって、彼らはいろいろなことを考えはじめます。質問の意図は**【子供に考えるきっかけ】**を与えることです。

そのきっかけを与えるための質問が「お前！　何考えてんだよ！　なんであのときにあんな走塁したんだよ！」語気を荒げ、こう子供に聞いてしまえば、それは**【質問】**ではなく**【尋問】**です。尋問は『子供に考えるきっかけ』を与えることができません。

子供に考えるきっかけを与えるからこそ**【次へ活かせる】**のです。

野球ノートを書く目的

【野球ノート】……今では多くの高校球児が書き、それが書籍化されているものもあります。

みなさんのチームでは、野球ノートを活用されているでしょうか？　野球ノートを活用されている目的は何でしょうか？

野球ノートを書くことで、その日を振り返る時間を持つことができます。

他のチームもやっているからなんとなくではなく、しっかりとした目的を持って、野球ノートを活用させていきたいものです。

目的❶　目標達成のための記録と記憶

私は選手に「野球日記にならないように」と話しています。「野球ノート」として活用してほしいと思っているからです。毎日の自主練の「数」だけを書いてくる子がいます。

- 素振り200回
- ランニング5キロなど……

まずは、これを何のためにやっているのかという根本的な問題があります。

当然、そこには**【目標】**があり、その目標のために毎日の自主練があるわけです。目標を持ってやる練習と、目標を待たずにやる練習とでは大きな差が出てきます。

その目標にどれだけ近づいてきているのか……のための記録なわけです。

まずは**【何のために】**この自主練をしているのかを再確認してもらうために、毎日ノートには**【今の目標】**を書いてもらいます。

「3か月後に球速を5キロ上げるために」など、個人個人の目標を毎日書いてから今日練習したことを書き、目標を強く意識してもらっています。

そして、今日感じたことや考えたことがあったら、書き加えるようにと話しています。毎日の自主練は一人でやることが多く、惰性でやってしまったり、ときには面倒くさくなったりするときも出てきます。だからこそ**【強い覚悟】**で目標を持つことが大切になってきます。強い覚悟の目標は**【強い行動】**につながります。

目的❷ 自分と対話をする

私が、野球日記にならないようにと言っているのは**【自分で考えたこと】**を入れてほしいからです。

練習や練習試合のときに「今日は上手くいかなかった」で終わらせるのではなく、「なぜ上手くいかなかったのか?」を考える。「今日は悔しかった」で終わらせるのではなく、「悔しくならないようにするためには何が必要なのか」など感じたことだけではなく、考えたことを書きなさいと子供たちに話しています。考えるということは、自分と会話をする時間になります。

自分で考えるといっても、小学生には毎週毎週は難しい部分もあります。

そういうときは、こちらからお題を投げかけて考えてもらってもいいかもしれません。

「今のチームに必要なものは何だろう?」

「○○チームに勝つにはどうしたらいいと思う?」

「変化球を打つために大切なことは?」

ノートの最後にこちらが書いて投げかけることで、**【子供たちに考えさせる】**ことも一つの方法です。

私は、ノートは毎日書きなさいと話しています。勉強もあるし、疲れているときもあるでしょう。考えが出てこないときもあるでしょう。そういうときは一行でもいいから、毎日毎日書くこと……。

365日毎日やるというのは、簡単そうで難しいものです。しかし、**【1年間毎日何かを続けられたという自信】**は、野球にもつながってくるはずです。特に、野球での成功体験が少ないお子さんには、「野球ノート」を毎日がんばって自信をつけてほしいと思います。

毎日**【自分との約束】**を守れたら、自分のことを好きになっていくはずです。そして、こういう自分との小さな約束を守れるようになると、大きなことにもチャレンジできるようになるはずです。

何年か経って……仕事がつらくて仕方ないときに……野球ノートを見つけた。

「ああ、昔の俺はこんなにがんばっていたんだな」

そんなふうに、**【過去の自分から元気をもらえるような野球ノート】**になってくれたら最高です。

野球ノートの落とし穴

「子供の野球ノートに、指導者がコメントを書いてくれません。子供が一生懸命書いているのに、こんな指導者をどう思いますか?」

こんな相談が私のところに来ました。指導者の方々の中には野球ノートにコメントを書く方もいらっしゃれば、何も書かない方もいらっしゃると思います。そこに当然正解はありません。

素晴らしい野球ノート

私も、以前は子供たちが書いた野球ノートに、コメントを書いていました。小6や中1になってくると、内容にもかなり差が出てきます。

あるとき、野球ノートの内容が素晴らしい選手がいました。チームのことやチームワークのこと……小学6年生でこんな内容が書けるのかと、私はびっくりしました。部員全員にその野球ノートを見せて、その子を褒めました。彼の野球ノートを部員に紹介してから、部員全員の野球ノートの内容も変わってきました。

誰のために書いているのか？

彼らの野球ノートにコメントを書きながら、最初は嬉しく思ったものです。

しかし、途中から少し違和感を覚えはじめます。それは、内容が素晴らしすぎること。そして、これは誰のために書いているのだろうかということ。このノートは私を喜ばすために書いているのではないか……そう思いはじめてきました。

野球ノートは**【自分と向き合うためのもの】**です。それがいつの間にか、目的が変わってきてしまっているのではないか……そう感じはじめました。

お父さんたちとの飲み会のとき、野球ノートについて聞いてみたことがあります。親が手伝っていると答えた人が半分近くいました。親と相談しながらノートを書いているのならまだいいのですが、親の言う通りに書いている家庭も何軒かありました。

次の練習で、私は子供たちに野球ノートはしばらく提出しなくていい……

そう伝えました。それから2か月間、野球ノートを提出することをやめました。そして、2か月後に「明日、野球ノートを持ってくること」と告げました。「書いていないのなら正直にそのまま持ってくること」とも話しました。

次の日……2か月間、野球ノートをつけていた選手は半分ほど……。自分のための野球ノートが、私に見せることが一番の目的になってしまっていたわけです。

子供たちの前で、野球ノートは自分を**【見つめ直すために】**……**【自分と会話をするために】**使うものだと改めて話しました。卒団式のとき……自分の野球ノートを見なさい。それは、君だけのための**【野球の教科書】**になっているはずだ。そう伝えました。

練習前に野球ノートを書く理由

みなさまのチームでは**【練習の入り】**をどのようにされていらっしゃるでしょうか？　朝の練習前はその日を占う大切な時間になります。
なんとなく集合して……なんとなく整列して……なんとなく練習が始まっていないでしょ

うか？　心を一つにすることが「練習の入り」では大切なことです。

練習前に目的意識を持つ

あいさつや道具を一つに並べることも、練習の入りでは大切なことです。それ以外に、私は**【野球ノートを朝に書く】**ことを実践させています。野球ノートを使われているチームさんも多いと思いますが、多くのチームさんは練習が終わって家で書くことが多いのではないでしょうか？

私のチームでは練習後だけでなく、練習前にもおのおのが**【今日の目標】**を書いています。

- グローブの角度を意識する
- 逆方向に強い打球を打つことを意識する
- 意味のある声を出すことを意識する
- 一塁側のプッシュバントを成功させる意識を持つ
- 道具運びを自ら率先してやる意識を持つ

彼らの目標には、**【意識】**という言葉を入れてもらっています。今日一日、自分で考えたことを「意識」してやってみるという**【覚悟】**を決めさせるためです。

選手の意識を指導者が共有

今度は、このノートを監督・コーチ全員でチェックして、選手がそれぞれ何を意識しているのかをスタッフ全員で共有するようにしています。

「○○と1対1でノックお願いします。グローブの角度を見てあげてください！」

「××と鳥かごでバントお願いします。一塁側のプッシュね！」

そう言って、彼らが意識しているところを見てもらっています。

【意識が一日を支配する】

そのためには、朝一番にあいさつや道具を並べることでチームの心を一つにする。そして、今日一日何を意識して練習するのかを、野球ノートに書いて**【目的意識】**を高める。練習前の朝の取り組みで子供の意識が変わるはずです。

すべてプラス思考では挫折のチャンスを失う

ミスをした後に「笑って！　笑って！」「今のことは忘れて！」そんな言葉をかけることがあると思います。プラス思考というやつですね。プラス思考・ポジティブシンキング……そういう言葉や思考が大切なときも、もちろんあります。

挫折する試合をプラス思考にしない

しかし、何でもかんでもプラス思考ではいけない場面もあります。私は講演会でもよくお話しをさせていただくのですが、子供たちが**【変わった試合】**があると思っているんですね。優勝した試合や全国大会に出場した試合などの成功体験の試合を挙げる子もいます。しかし、成功体験以上に**【挫折】**は子供を変えてくれる試合になります。

その挫折した試合で、多くの選手は責任を感じ、その悔しさをバネにしていくでしょう。『過去は変えられない』と言いますが、その試合をバネに必死で練習をすることによって**【あの試合があったから今の自分があるんだ】**と過去の思いは変えられることができます。

挫折は悔しさというパワーを生む

しかし、挫折するべき試合を、子供自身が間違ったプラス思考に変えてしまっているケースもあるのではないでしょうか？　何でもかんでも『プラス思考』という考えは、現実から目を背けている危険性もあるわけです。

そして、大人もその挫折すべき試合を変な『プラス思考』に考えていたり、何も言わずにスルーしていたりする場面があるのではないでしょうか？　高校生ぐらいになれば、その挫折を挫折として自分で受け止めて、今後の力に変えていくこともできるでしょう。

でも、小学生はその**【挫折と真正面から向き合う】**ことができるでしょうか？　向き合えない結果、間違ったプラス思考でその挫折すべき試合をなかったことにしているのかもしれません。

そして、我々大人も挫折させたくない思いから、間違ったプラス思考で子供に試練を与えていないのかもしれません。

野球選手に**【プラス思考は必要】**なことです。しかし、使い方を間違えると『現実から目を背けること』にもなります。

周りの大人が、しっかりとその判断を間違えないようにしてあげてほしいと思います。**【挫折は悔しさといういいパワー】**になるのです。挫折した試合は、自分を変えてくれる試合になる可能性が高いのです。

保護者力

第3章

指導者と保護者の関係

保護者への接し方で大切なこと

指導者と保護者の仲がいいか悪いかのどちらがいいかといえば、仲がいいほうがいいですよね。しかし、仲がいい中にも指導者と保護者には、**【適度な距離感】**は必要だと思っています。

保護者との距離

例えば、ある父の方が「今晩一杯、二人で飲みに行きましょう」と誘ってくれました。指導者のみなさんはどうされるでしょうか？

いろいろなお考えがあるでしょうが、私は個人的に父兄の方と飲みに行くことはしません。行くなら「みなさんを誘っていきましょう」とお願いしています。

何かご相談があるのならグラウンドでお聞きしますし、個人的に飲みに行くことで不快に思う人がいたり、変な疑いを持たれたりするのも嫌だからです。特定の方だけと距離感が近くなることは、極力なくすようにしています。

保護者に本当のことを言える指導者

私自身、指導者として親御さんと接するときに、一つだけ気をつけていることがあります。それは【**本当のことを言う**】ということです。なんだ、当たり前のことじゃないかと感じられたかもしれませんが、これが意外に難しいことだったりします。

練習の終了時間になると、たくさんの親御さんがお迎えにグラウンドにやってきます。私自身、できる限り今日のお子さんの様子を、親御さんに伝えたいと思っているんですね。

でも、そのときに親御さんに気に入られようとしたり、親御さんに元気を出してもらおうとしたりして、事実でないことを言ってはいけません。お子さんががんばっていたのなら「今日の練習はがんばっていましたよ」とお伝えしますし、がんばっていなかったら、私はそのままのことをお伝えしています。

『がんばっていない子』を『がんばった子』として親御さんの前で作り上げてはいけないと思いますし、逆に『がんばった子』を『がんばっていない子』として作り上げるのも当然いけません。

「今日は特守の厳しい練習を最後までやり遂げましたよ」

「今日は全力疾走をしなかったので注意しました」

何をがんばっていたのか……何をして叱られてしまったのか……そういう一言を付け加えてあげることで、親御さんは具体的なことが見えてくると思います。指導者から親御さんへの言葉は、指導者が思っている以上に重く責任のある言葉です。

本当のことを言うから信頼される

親御さんは「本当のこと」を知りたいと思うのです。本当のことは良い知らせもあれば悪い知らせもあります。

悪い知らせであれば、

「今日はこういうことをしたので叱っておきました。本人も納得して反省しているので、親御さんからは特に声をかけないようにしてあげてください」

「今日はこういうことがあったので、家に帰って親子でじっくり話してみてください」

などと一言添えてあげることも必要です。

本当のことを言うからこそ、親御さんから**【信頼】**されるのではないでしょうか。必要以上に褒めることやけなすことよりも、大切なのは本当のことを言うことです。本当のことを言ってくれる人はなかなかいません。

『がんばった子』や『がんばらなかった子』を作り上げて親御さんに言うことは、後々、誤解を生むケースもあります。

『本当のことを言う』という本来当たり前のことが実は難しいのです。

保護者会との距離感

父母会や保護者会というものが、みなさんのチームにもあるでしょうか？

そもそも、保護者会が必要なのかという話にもなってくるのですが、そこは各チームさんにいろいろな考えがあることでしょう。

では、保護者会がある目的は何なのでしょうか。**【すべては子供のため】**である軸がぶれてはいけません。当番表を作ったり……子供のためにイベントを考えたり……配車の割り振りをしたり……そのすべてが子供のためにつながっていると思えるから、がんばれるのではないでしょうか？　指導者も保護者もチームの会長等運営する側も、「少年野球」という組織で大人は子供のためにがんばるのです。

大人のために**【少年野球】**があるのではありません。**【大人野球】**ではないのですから。

すべての子供のために

保護者会は一部の人間だけでなく、全員で構成されていることを再認識しましょう。保護者会の人事というと「会長」「副会長」「婦人部長」「会計」こんなところでしょうか。気をつけなくてはならないのは、保護者会というのはこの役がある人間だけで運営されているのではなく、保護者全員で構成されているということです。

これらの役についている人だけにすべてを押しつけて、批判するようなことがあってはいけません。逆にいえば、これらの役があるからといって偉いわけでも何でもありません。

保護者会というのは、指導者の方と一緒にチームが上手く回るようにすることが大きな役割です。そして、それが「子供のため」につながります。その子供のためは**【自分の子供のため】**ではなく**【チーム全員の子供のため】**を考えなければいけません。

父母全員が「自分の子供のために」と思うのではなく「チーム全員の子供のために」を考えて行動するのです。揉め事は「自分の子供のためだけ」を考えることから始まることがほとんどのような気がします。

指導者側から見た保護者会

指導者の立場からお話しさせていただくと、保護者会の立場はありがたくとても助かっていますが、一番厄介なのは保護者会の力がどんどん強くなり、現場にいろいろなことが耳に入ってこないようになることです。

父母からすると、「指導者の方の耳に入れるほどのことではないと思ったので」という考えのようですが、後々大きな火種になることがしばしばあります。

少年野球にはさまざまな問題が起こります。それを、保護者・指導者で解決していかなければいけません。

そして、指導者は**【逃げない】**ということです。父母間でトラブルが起きて父母が相談に来たときに「それは、保護者会で話し合って」「それは、そちらで話し合って」など、こういう逃げ腰の姿勢をしていては信頼を失います。父母の間でどうにもならないので、相談しに来ているわけですから。

人はトラブルを嫌います。私もトラブルはないほうがいいと当然思っています。しかし、監督などの立場になれば、トラブルを解決しなくてはいけないことも出てきます。

指導者が見えない保護者会。保護者会が見えない指導者。

これが一番揉めてしまう原因のような気がします。

保護者にものを言えない指導者

指導者と保護者間の問題は、実にいろいろなケースがあります。

私のところには、指導者の方から「父母が暴走していて困っている」というご相談が多く寄せられます。

●試合中に親御さんがベンチに入ってくる
●試合中に親御さんが我が子に技術指導を言いはじめる
●自分の子がスタメンでないと文句を言ってくる

などなど、このようなご相談が多く来ます。

指導者の方は何をされていますか？

私は指導者のみなさんに、はじめに必ずこうお聞きしています。

「指導者の方はそういうときにどうされているのですか？」

そうお聞きすると、ほとんどの方が、

「いやあ……なかなかはっきり言えなくて……」

「そのうちわかってくれると思っているのですが……」

そんな答えが返ってきます。何も指導者の方が保護者の方にお話をしていないのに、保護者の方のこのような言動は直りません。お気持ちもよくわかります。今の時代、何かを言えば指導者の方が不利になってしまう時代かもしれませんので。

言わねばならないことはしっかり伝える

しかし【言わねばならないこと】は、きちんと言わなければいけません。「チームにこういう親御さんが増えてしまって……」とおっしゃいますが、指導者の方が何も言わなければ、増えてしまうのも当然のことだといえます。

何度も述べていますが、まず入団前にチームの方針や約束事を、親御さんに伝えていらっしゃるでしょうか？　これだけでも保護者と指導者の【ズレ】はなくなっていきます。

言いたいことではなく、言わねばならないことはしっかり伝えなければいけないはずです。親御さんに意見を言えないのであれば、チームを変えることなんてできないのではないでしょうか？

何でもかんでも【ことなかれ主義】で自分は嫌われたくないから……自分は監督をやめさせられたくないから……そんな理由で親御さんに意見を言えなければ、改善されるどころか悪化していくだけです。

誰でも、人に何か注意をすることは言いたくないでしょう。しかし、【チームのために】……【子供のために】……言わなければいけないこともあります。

保護者の要望をすべて聞く指導者

今、指導者がいろいろクローズアップされることの多い時代ですが、親御さんにもいろいろな方がいらっしゃいます。チーム全体のことを考えている親御さんもいれば、残念ながら我が子のことしか考えていない親御さんもいます。

指導者の方と話をしていると、保護者の方に頭を悩まされている指導者の方が多くいます。

ポジションを決めるのは指導者の役割

「なんでウチの子がレギュラーじゃないんだ」と、指導者に話をしてくる親御さんもいらっしゃるそうです。中には「ウチの子がなんでショートじゃないんだ。ショートをやらせろ」とポジションを直談判してくる親御さんも……。幸いなことに、私は指導者人生の中でこのような親御さんにお会いしたことはありませんが、こういった親御さんにどう接したらいいのかというご相談を指導者の方からいただきます。

スタメンや背番号を決めるのは**【指導者の役割】**です。指導者の方も、全員の子供の顔を思い浮かべながら背番号を決めています。

ウチの子を背番号一桁にしてほしい。ウチの子をショートにしてほしい。全員の親御さんがそれを言いはじめたら、収拾がつきません。私は入団前に「背番号や選手起用は我々の役割ですのでご理解願います」と、親御さんにお話しさせていただいています。背番号を渡すときにも、選手に必ず一言いうようにしてから背番号を手渡しています。

覚悟を決めていない指導者

こういう親御さんがいたときに、指導者が親の言うことを聞いてしまうケースがあるということにびっくりしてしまいます。

「じゃあ背番号を代えます」

「次の試合には出させます」

これでは何のために背番号を決め、スタメンを決めたのかわからなくなってしまいます。もっといえば、親御さんの一言でひっくり返るぐらいの決め方をしていたのかということになります。

選手一人ひとりのことを、真剣に考えて背番号を決めていない証拠です。親に言われて背番号やポジションを代えれば、そこで交代させられたほうの選手の気持ちはどうなるのでしょうか？　その選手や親御さんが「背番号やポジションを戻してくれ」と言ったら戻すのでしょうか？

背番号やスタメンを決めるときに、どれぐらいの**【覚悟】**を持って決めているのでしょうか？　覚悟さえ決まっていれば、親御さんから何か言われても動じないはずです。

親御さんとのコミュニケーションも必要です。しかし、何でも言うことを聞いてしまうのは話が違います。そして、そんなことをしていたら、逆に信用を失います。

保護者の善意がルール化される

少年野球は、保護者の人たちの協力のおかげで成り立っています。日々チームのために協力してくださるお父さん・お母さんには、感謝の気持ちでいっぱいです。親御さんの**【善意】**はとてもありがたいのですが、その「善意」がいつの間にか**【ルール化】**されてしまっているものもあるかもしれません。

ケース❶　お茶当番

一人のお母さんが、何かメモを取っているのを見ると……、

●監督　　➡コーヒー（ミルクあり、砂糖なし）
●Aコーチ➡コーヒーが飲めないのでお茶
●Bコーチ➡コーヒー（ブラック）

飲み物を出すタイミングまで記載されていたりします。最初はお母さんたちが善意でお茶やコーヒーを出していたことが、時間を追うごとにルール化されてしまった。これが「お茶当番」ができたきっかけなのかもしれません。こういったことが、少年野球界には多く存在

しているような気がします。

ケース❷ 子供のグラコン

冬練のときにグラコン（グランドコート）を来て練習を始める選手。アップの途中からグラコンを脱ぎ出す選手たち。一人のお母さんがグラウンドに入って、選手のグラコンをたたみはじめました。

「お母さん……どうされたのですか？」

と尋ねると、

「昨日、別のお母さんがそうされていたので……」

「善意」でやられた行動でしょうが、自分で脱いだ服は自分でたたむことが当たり前なので、今後はしないようにお願いしました。

ケース❸ 差し入れ

「ケーキを作ってきたので監督・コーチで食べてください」

あるお母さんが、そう言ってケーキを作ってきてくれました。もちろんお母さんからすると「子供がいつもお世話になっている」という「善意」の気持ちからでしょう。

翌週、「これ……昨晩作ったので、スタッフの方で食べてください」数名のお母さんたちが何かを作って持ってきてくれました。もちろん「善意」の気持ちからだとは思いますが、先週のお母さんの行動から「私もやらなくては」と思ってしまったお母さんもいるかもしれません。

「差し入れ」はありがたいのですが、お気持ちだけで十分ですので、今後はお持ちいただかないようお願いしました。

善意の押し売りは…

「善意」がいつの間にか「ルール」に変わり、義務化されてしまったことが少年野球やクラブチームにはあるかもしれません。チームの規則に「えっ……こんなこともルールなの」とお思いになったことってありませんか？　それは、おそらく過去にそういう事実があったからなのです。

そういう揉め事が起こらないようにと、あらかじめ「規則」としていることも「運営側」の立場からすると理解できる一面もあります。一人ひとり人間は考えが違います。「善意」の捉え方も違います。

一つ間違えてしまえば、一人の「善意」が全員の「義務」に変わり、それが組織の「ルール」に変わることもあります。大変難しい問題ですが、

「私はこれだけやっているんだから、あなたもやりなさいよ」

「私はチームのために、これだけしたのに……」

こういう【善意の押し売り】は、ある意味「悪意」になります。【善意とは損得勘定を考えない行動】ですから。

ただ、その「善意」をいいものだからみんなでやろうとなれば、それは「ルール」になります。一人ひとりの考えや環境は違います。「ルール」にすれば、それは自分たちの代だけでなくチームに残っていきます。みなさんで納得するまで話し合われることが大切です。

子供のために……そう思ってやっていることが、必ずしも子供のためになっていないこともあるのです。

子供のために何かやってあげた自分に……

私は、チームの親御さんに「子供ができないことだけを大人がサポートしてあげてください」とお話ししています。

低学年・高学年の差はありますが、大人が良かれと思って【やってしまっている】ことには、実は子供ができるものも多くあります。

どの親御さんも子供に自立してほしい……そう願っているはずです。しかし、大人の行動がその自立を遅れさせてしまっているケースも多々見受けられます。「子供のために何かしてあげたい」と思いすぎてしまっている親御さんに多く見られる傾向です。

もっといえば【子供のために何かやってあげた自分】を作り出したいのではないでしょうか?

お茶当番は必要なのか

「お茶当番」の是非がよく議論されます。親の負担が重くなり、野球人口の減少に大きな影響を与えているといわれます。

「本間さんはお茶当番についてどう思われますか?」というご質問も、よくいただきます。

お茶を出すための目的ならいらない

まず、監督・コーチのために出すだけのお茶当番であれば、私は必要ないと考えます。自分の飲み物を自分で用意するのは当たり前のことであり、普段、子供たちに「自分のことは自分でするように」と話しているのに、これを認めてしまうと、監督やコーチは自分のことを自分でできていないじゃないかと選手に思われてしまいます。

監督・コーチにお茶を出すためだけに、貴重な休日をつぶしてしまうことは負担にもなります。

では、**【子供のためのお茶当番】**という意味ではどうでしょうか?

夏場の暑い時期になると、自分の持ってきた水筒だけは水分が足りなくなってきます。そうなると困るので、お母さんたちは飲み物がなくなると、ジャグなどでお茶を作ります。ですから、私は監督・コーチのためのお茶当番は必要ではないが、子供のためのお茶当番は必要ではないかという考え方です。

でも、小学校の高学年ともなれば、選手たちはジャグで飲み物を作ることも普通にできてしまいます。子供たちが自分でできるものに、わざわざ「当番」を作る必要はないと思うんですね。

小学校の低学年では難しいかもしれませんから、そこは必要かどうかの意見は分かれることになるでしょう。しかし、少なくとも高学年になれば自らの手でできます。

こう考えると「お茶当番」という意味の「当番」であれば、私自身は必要ないと思っています。

チームで話し合うこと

では、お茶当番の「お茶」を取った場合の「当番」はどうでしょうか?

お茶以外の当番では、どのようなものがあるのでしょうか?

子供たちが怪我をした場合に手当てをしたり、病院に連れて行ったりする**【救護当番】**があります。そんなものは必要ないという考えもあると思いますが、全国にはいろいろなチームさんがあります。

当番問題を考えるとき、みなさんはご自分のチームを軸にお考えになることでしょう。ご自分のチームでスタッフの数も多ければ、怪我の対処もスタッフでできると思います。しかし、過疎部に行くと選手の数も少なく、指導者の数も少なく、子供に怪我があったときに対応が難しいチームもあるのです。

現に私の知り合いの監督さんは、土曜日に一人で選手を指導されています。このチームで練習中に怪我人が出て、病院に連れて行かなければならなくなったときのことを考えて、仕方なく「当番」があるチームさんもあるのです。

この場合は、お茶当番ではなく子供が怪我をしたときに病院に連れて行く「救護当番」や、指導者の方が病院に連れて行っている間に、それ以外の子供を見る**【見守り隊】**という意味合いになります。

先ほど述べたように、監督・コーチのためのお茶当番はまったく必要ありませんが、それ以外の当番の必要性は地域やチームによって異なることも出てきます。環境の違いから、本意ではないけれども当番を置かざるをえないチームもあります。

一律に当番は廃止だという考えではなく、そこは**【チームによって考え方が異なってもいい】**のではないでしょうか。ただ大切なことは、当番があるのであれば、入団前に当番があることを伝えることです。

当番があるのに入団前にそれを伝えなかったり、うやむやにしたりすることが問題を生むことになるのです。

その係は必要ですか？

私が少年野球の世界に入ってきたとき驚いたことの一つに、親の係の多さがあります。父母会長・副会長・婦人部長・会計・会計監査・スポーツ保険係・ユニフォーム係・合宿係・合宿会計・配車係・ホームページ係・SNS更新係・入退部係・写真係・イベント係……ざっと挙げてみましたがいかがでしょう？

昔からあるだけの理由であればいらない

みなさんのチームにあるものもあれば、ないものもあるでしょう。そして、その係の必要性もチームによって違うはずです。大切なことは、本当にこの係が全部必要なのかどうかについて**【話し合う場】**を設けることです。

ただ単に『昔からあるから』『うちはこうだから』という理由だけで残っている係であれ

ば必要ありません。一番大切なのは「昔からあるから」ということではなく**【ウチのチームに必要か】**ということです。

話し合って、やはり必要だということであれば残せばいいことですし、必要ないのであれば、廃止にしてしまえばいいのです。

これは、親の係以外にも当てはまります。

不必要なものが親の負担を重くする

昔からあるというだけの理由で、残っているチーム行事はありませんか？　そのチーム行事は本当に必要でしょうか？　子供たちは喜んでいるのでしょうか？

先ほどお話しさせていただいたお茶当番も同じです。

「昔からあるから」というだけで残っている親の係・チーム行事・お茶当番などが、本当に必要かどうか話し合う場を設けるべきです。

親の係や当番など、チームによっては不必要なものもあるはずです。不必要なことをしていれば、親の負担は増えていくのです。

合宿の夕食の支度をなぜ親がするのか

チームに入ってから、最初の合宿のときに見た光景です。

厳しい練習を終えた夕食のとき。子供たちは座ったまま何もせず、お母さんたちがお皿の上に料理を乗せていきます。選手ではなく、お母さんたちがご飯をよそってあげる姿が、私の中ではちょっと異様な光景だったんですよね。

その日の夜にスタッフで話し合いをして、自分の料理は自分でよそうことにしました。**【自分のことは自分でする】**のが私の中では当たり前であり、子供のためになると思ったからです。

子供たちが食べるものですから……

次の日……食事の用意は選手同士でするように伝えると、子供たちは自分たちの力でできるんです。おかずの量の配分も、みんなで相談しながら自分たちで食事の準備をしました。

こうなると、大人の手は必要ないわけです。自分たちでできるわけですから……。そこからスタッフと話し合い、今まで当たり前のように大人がやってきたことで、子供ができることは子供の手でやってもらうことにしました。今ではジャグなどの飲み物の準備や、ほとんどのことを子供自身がやっています。

いろいろ手伝いたいのに……

違うチームから移籍してきた選手のお母さんが、合宿に参加したときのことです。子供にいろいろ手を貸してしまいそうになるのを、他のお母さんが止めている姿が目に入りました。

その日のお疲れ様会で、そのお母さんが、

「いろいろ手伝いに来たのに、何もやれなくてつまらない」

こう言いました。私が趣旨を話そうとしたとき、ウチで一番在籍の長いお母さんがこう言ってくれました。

「私はすごく面白かった。こんなことも一人でできるようになったんだな……って。ウチの子ね……小学校1年生の合宿のときに、お味噌汁をよそって席に行くまでにこぼしちゃったの。そういえば、家でもやらせたことなかったなあって。それからは、家での食事運びは全部子供たちにやらせてる。今日も普通に、お味噌汁を運んでいるのを見てるだけで私は嬉しかった。手を貸さないことが増えているのは、子供が成長していることだから……ね！　本間コーチ！」

私のセリフを全部取られてしまいました（笑）。何かをしてあげることが、すべて子供のためになっているわけではない。あえて手を貸さずにいることで、子供は自分たちで考え、行動していきます。

当然、その中には失敗もあるでしょう。でも、その失敗も**【経験】**となって彼らの**【糧】**になります。そして、それが**【自立】**に近づいていくことになるのです。

お父さんコーチが気をつけねばならないこと

「お父さんコーチはいろいろ問題がある」という話を耳にしますが……一概にそうではなく、お父さんコーチでもがんばっている方もいらっしゃれば、子供がいない指導者でも残念な方はいらっしゃいます。

基本的には「お父さんコーチ」「子供がいないコーチ」という線引きではなく……その**【コーチの人格が大切】**なのはいうまでもありません。

ただ「お父さんコーチ」は、やはり難しい……私も経験上そう思います。

叱ることの平等さ

お父さんコーチが一番考えなくてはいけないのは**【平等】**です。この平等さが周りから見えなくなったときに、いろいろと問題になることが多いのでしょう。スタメン起用や練習内容はもちろんですが、接し方も平等でなければいけません。

「俺は親だから、グラウンドでは自分の子供に怒鳴りちらしてもいいんだ」

そんな自分だけのルールを決めていませんか？　実は私も長男のときに、こういう考えを持っていました。

「自分の子供だからこそ、多少厳しいことを言っても構わない」

「チーム全体がだらけているときは、自分の子供を見せしめに怒ればいい」

長男のときに実際にそう思い、恥ずかしながら私はそういった行動をしてきました。さらに、そんな考えを持つ自分を、当時は美化していた気すらします。

しかし、自分の子供だけを褒めるのはもちろんですが、自分の子供だけを怒り続けるのも平等さに欠け、ときにはチームのバランスを崩すことになるのです。

コーチングの前提は「平等」です。

我が子であっても、**【叱るのも褒めるのも平等】**でなければなりません。私は三人の自分の子供を指導してきましたが、３番目のときにようやくそのことがわかりかけたような気がします。

また我が子を怒りながら、実は我が子を守っているコーチもいらっしゃいます。お父さんコーチで、このパターンのコーチ……実に多いです。ともかく自分の子を怒るのが早い……

他のコーチに怒られる前に、我が子を怒るんですよね。そして早いということは、我が子しか見ていない証拠でもあります。

自分で怒るのはいいけれども、他のコーチに怒られるのは嫌。だから、我が子を自分が先に怒ることによって他のコーチに怒られないようにし、我が子を守っているのです。

「自分の子供には怒らないようにしましょう。怒るのは他のコーチが怒りますから」

こういうことにならないように、こういった話し合いがコーチ同士で行われることもあります。たしかに一つの方法論ですね。

しかし、自分が「平等」に叱ることも褒めることもできる**【コーチ力】**があるのならば、こういう取り決めも必要ないはずです。

自分の子に甘すぎたり、自分の子に厳しすぎたりすると、子供同士の関係が崩れていくこともあります。

平等……難しいかもしれませんが、コーチングの前提です。

自分の子供の基準で他の子供を比べない

お父さんコーチであるということは、当然のことながら我が子がグラウンドにいるわけです。家に帰れば「父」になり、子供の自主練を見ることもあるでしょう。気をつけなくてはいけないのは「我が子を軸に他の子供を見てはいけない」ということです。

「うちの子なら抑えられたのに」

「うちの子は家で素振りを○○回もやってるぞ」

中心選手のお父さんコーチに、こういうことを発言されてしまう方がいらっしゃいます。

【預かる子供さんは十人十色】です。

技術的なこともちろんですが、野球に対してのモチベーションも個々によって違います。自分の子供と比べても、それは比較対象になりません。仮に心で思ってしまっても、言葉にしてはいけません。

ナアナアにしてはいけないところ

グラウンド上では「父子」ではなく「指導者と選手」になります。当然のことながら、グラウンドでは「お父さん」ではなく「○○コーチ」と呼ばなければいけませんし、言葉づかいも敬語でなければいけません。

また選手全員を名字で呼んでいるのであれば、我が子も名字で呼ばなければいけません。こういう形はとても大切です。こういうところをナアナアにしていると、何かあったときに示しもつかなくなってしまいます。

私は指導者として三人の子供と接してきましたが、卒団した今では「お父さんコーチ」にはもうなれません。

今考えてみると、あのときにああしとけばよかったなと思うことが多々あります。でも、一緒のユニフォームを着てグラウンドに立てたことは、とてもいい思い出として胸の中に残っています。

監督交代のクーデター

みんなに惜しまれながら監督をやめていく人間もいれば、本人だけが知らず……いきなり解任に追い込まれることもあります。いわゆる「クーデター」というやつです。

今までに、数名の少年野球の監督から「クーデターをやられました」と連絡がありました。何も思い当たる節もなく……ほんの1週間前までは笑顔で話していたのに……。その笑顔の裏でクーデターの準備がされていたことになります。

もちろん、監督さんに非があったのかもしれません。監督さんが何回も周りから話し合いに応じてくれと言われていたのに、応じなかったのかもしれません。

私利私欲のためのクーデター

しかし、そうではなく、一部の保護者が私利私欲のために指導者を追い出すケースがあります。

自分の子供が試合に出られない。練習方法が気に入らない。

自分の立場や自分の子供の利害関係が一致しはじめ、そこに**【監督をやりたい人】**がいると「クーデター実施」の実現性を加速させていきます。

いろいろな考えがあると思います。基本的には、指導方針や采配のような不満を指導者に言うことは、保護者がしてはいけないことだと思っています。役割が違いますから。

ただ、我が子に危険がある場合は、指導者の方に相談されるべきだと思います。炎天下の中で水分補給をしない。暴力、暴言など……。

しかし、自分の子供がスタメンではない。練習方法が気に入らない。このような私利私欲のための「クーデター」には首を傾げます。

そして、何よりも子供の傷ついた心が一番気になります。指導者に明らかな問題がある場合もあるかもしれません。

部費の使い込み・暴力など……。

ただ、このようなケースでも順序と方法があると思うんですね。そして、クーデターや追い出しという方法は、必ずしも正常な状態ではありません。

「そんなことはわかっている。だけれども他に方法がないんだ」

そうおっしゃるかもしれません。

本当に子供のためなのか？

でも、そのような事態になる前に、話し合いや方法を見つけてほしいのです。一度も話し合いをしたことがないのに……ある日、グラウンドに行ったら突然父兄の方に「監督をやめてください」と言われたというお話も聞きます。

親御さんが監督さんを信用していなかったり、嫌いであったりしても、当の子供は監督さんが好きで信用しているケースもあります。

みなさんも「子供のため」を思っての行動だと思いますが、「子供のため」という論点がずれはじめ、**【感情】**が優先されてしまっていませんか？　クーデターなどという事態になる前に……、

①指導者と保護者間のコミュニケーションを取る
②問題が出たら、指導者と保護者の代表で話し合う
③それでも解決できない場合は、代表や会長などに間に入っていただく

指導者と保護者が同じ方向を向かれることが一番「子供のため」になるはずです。大人のいざこざに子供を巻き込まないでいただきたいものです。

役職を勘違いする大人

野球チームの中には、役職と呼ばれるものがいくつかあります。（役職というのかどうかわかりませんが）会長、副会長、審判部長、婦人部長、父母会長、監督……ざっと挙げるだけでもこれぐらい出てきます。

これらの方に、周りの人たちは尊敬の念を示さなければならないと思います。ただ、この「役職」を振りかざす人がいることもあります。

保護者はあなたの部下ではない

親御さんに対して「おい！　草むしりやっとけよ」「ネットの補修まだかよ！」こんな口調で話される人がいます。正しいことを仮に言っていたとしても**【口の利き方】**で損をしている人っていますよね。

口の利き方ひとつで、自分の『偉さ』を強調しようとする人がいます。野球の組織は会社ではありません。お父さん・お母さんはあなた方の部下でも何でもありません。

「役職」がある人でも、素晴らしい方はたくさんいらっしゃいます。その違いはどこから来るのでしょうか？

私の監督は、

「俺はね……たまたま監督という役についているだけなんだよ」

よくそう言います。私もまったく同じ考えで「ヘッドコーチという役についているだけ」そう思ってやってきました。

監督やヘッドコーチでなくても、全然構わないのです。コーチでもお父さんでも、そこで「子供のため」と思ってがんばることは同じだと思っています。

役職＝自分の能力ではない

役職とは【役割分担】です。役職についていても尊敬できる方というのは、その【役割】を子供のために一生懸命に尽力してくださるから、周りの人もついていくのです。

【子供のために】という少年野球の一番大切な概念を忘れ、「私利私欲」のために監督をしている人に、周りの人間はついていきません。こういうタイプの人は「役職の権限」を「自分の能力」と間違えてしまっています。本人ではなく役職で周りの人が従っていることが、見えていません。自分の能力に人がついてきていると勘違いされています。

こういう人こそ、自分が偉いから役職についたと勘違いをします。周りの人に威張り、必要以上の権限を振りかざし、役職にこだわりを持ちます。前述したように「役職」とは「役割」です。何かあったときは、そのトップに任せるために「役職」があり「役割」があるわけです。

少年野球の現場のトップは監督です。その監督の采配に「なんでそこでバントなんだ」「なんであそこでピッチャーを代えたんだ」そういうことを父母会長や婦人部長が言うのは「役割」が違います。

チームに何か問題が起きて、監督や父母会長でも解決できないときは、チームのトップである会長に判断を委ねます。

組織の運営が上手くいっているチームは、この「役割」がしっかりできています。その「役割」を与えられた人はその「役割」のためにがんばり、それを見た周りの人がついていくことが理想なのではないでしょうか？

そして、その役割をがんばる先には**【チーム全員の子供のために】**という想いがあるはずです。

指導力

第4章 練習での指導

何のために前に出るのかを伝えていますか

ここからは、練習中の指導についてお話をしていきたいと思います。

前に出ろ！　腰を落とせ！

少年野球の現場にいると、たくさん耳にする言葉です。もちろん必要な言葉だと思いますし、私もよく使う言葉です。

守りで一番大切なことは何か

でも、何のために前に出るのか……小学生はわかっているのでしょうか？　私は守っている選手に聞くことがあります。聞くというより確認ですね。

「守っているときに一番大切なことは何だと思う？」

そう聞くと、

「声を出すこと」「ポジショニング」「気持ち」そういった声が返ってきます。どれも大切なことですが、答えは**【アウトを取ること】**です。

当たり前だと思うかもしれませんが、これが守っているときの大前提です。声を出すことが目的ではないし、ポジショニングをすることが目的でもありません。

アウトを取るという目的のために、声を出したりポジショニングを取ったりするわけです。

アウトにする確率を高くするため

では、何のために前に出るのでしょうか？　前に出ることが目的ではありません。アウトを取るために前に出るのです。もっというのであれば、何でもかんでも前に出る必要もありません。

ゴロを捕球してアウトにすることが目的であれば、「捕りづらいバウンド」と「捕りやすいバウンド」のどちらで捕球したほうが、**【アウトにできる確率】**が高くなるでしょうか？

当然捕りやすいバウンドに合わせるほうが、アウトにできる確率が高くなります。

では、捕りやすいバウンドとはどういったバウンドでしょうか？
①ボールが落ちてくるバウンド
②ショートバウンド
この二つが捕りやすいバウンドといわれています。逆に捕りづらいバウンドは、ハーフバウンド（ボールが上がってくるバウンド）だといわれています。ですから、①の落ち際のバウンドと②のショートバウンドで捕球したいわけです。そのために前に出たり足を使ったりするわけです。

足の大切さを知る練習方法

キャッチボールが終わった後に向かい合って、

「ツーバウンドの落ち際！」

「スリーバウンドめのショーバン（ショートバウンド）！」

と指示して、その指定されたバウンドで捕ってもらう練習も効果的です。

- 大切なのは前に出ることではなくアウトを取ること
- アウトを取るために捕りやすいバウンドで捕ること
- 捕りやすいゴロのために足を使うこと

こんなイメージを持って、ノックをしてみることも大切です。まずは、捕りやすいバウンドに自分が足を使って合わせていく。その中で、どうしても合わないハーフバウンドのときにはどうするのかを指導していく……。

前に出ることや腰を落とすことには、必ず目的があります。その**【目的を子供が理解】**し、強い意識を持って練習できるか……それは指導者の方の考え方ひとつです。前に出ることは目的ではありません。

目的のあるノックを打っていますか？

練習メニューには、必ず意味があり目的があります。アップのメニューひとつでも、必ず意味があるのです。

ここでは、ノックについてお話ししていきたいと思います。

ノックと一口に言ってもいろいろなノックがあり、そのノックの種類で目的も変わってきます。

バウンド別のノック

①緩いゴロ……打つ前に選手に確認します

私「気をつけることは何だー？」

選手「ボールの右側から入っていき、最後は忍者のようなステップをしまーす！」

②ショートバウンド……打つ前に選手に確認します

私「気をつけることは何だー？」

選手「足を使っていき、両手で捕らないようにしまーす！」

③逆シングル……打つ前に選手に確認します

私「気をつけることは何だー？」

選手「捕球するときに、少し捻りを加えて捕ります！」

※ショートバウンドや逆シングルは、自分からショートバウンドや逆シングルに合わせて捕るようにしています。

④弾道が低いバウンド……打つ前に選手に確認します

私「気をつけることは何だー？」

選手「強くて怖くても、頭の位置を上げないようにして捕りまーす！」

私はこのように、それぞれのノックを打つ前に**【やること（目的）を確認】**してから、ノックを打っています。このノックの目的は「こうだ」というのを、選手に理解してほしいからです。

そして、①から④をミックスしてノックを打っています。応用問題といった感じですかね。

応用と反復

私が①～④をミックスして、ダイヤモンドでノックを打つのですが、逆シングルが怪しい子がいたとします。そういう場合は、

「おーい！　逆シングルノッカーのところに行ってこい！」と言います。

できなかったら、反復なんです。

外野には……、

①緩いゴロノッカー

②ショートバウンドノッカー

③逆シングルノッカー

④強いボールノッカー

が、それぞれ首を長くして待っています。つまり、一つの練習にノッカーが5人いるわけですね。同じノックでも指導者の数が多ければ、考えようによってはいろいろな練習ができるものです。

小学生は特にそうですが、**【いかにボールにたくさん触れるかが大事】**ですから。そして、できなかったところは、またそこだけを集中して反復する。

冬練などでは、型を重視した手で投げるゴロ捕りもあります。そこでは、「捕ることに夢中になるなよ。捕ることが目的じゃないよ」と子供に伝えます。捕ることではなく型を覚えてほしいことが一番の目的なわけですから。

ノッカーが目的を伝える

ノックにもさまざまな種類があります。そのノックの目的をしっかり子供に伝えることで、子供たちは何をやるべきなのかを理解できるのです。

子供たちの目的が**【怒られないこと】**になっていませんか? そんな思いで萎縮してノックをずーっと受けていると、目的が『怒られないこと』になってしまいます。

一言でノックといっても、指導者がどういう目的で打つのか……そして、できなかった子に対してはどうするのか……今日の指導者は何人いるのか……指導者の考えひとつで、子供の守備が上手になるはずです。

ノッカーが子供以上に楽しむな

いろいろなチームさんのノックを見ていて、感じることがもう一つあります。それは、子供以上にノッカーが楽しんでしまっているチームです。

たしかにノックというのは、コーチとしてやってみたいものの一つであり、コーチ自身も楽しさを実感できるものではあります。

自分だけ気持ちよくなるノッカー

しかし、その意識が先行してしまい子供がついていけず、ノッカーだけが気持ちよくなってしまっているケースを見かけます。それは目的が違います。そういう人ほど「がんばれ！俺はお前のためにやっているんだぞ」というような**【気持ちの押し売り】**を言葉にします。弱いゴロもまだ捕れず、捕球体勢もまだままならないのに、強いノックを打って「怖がるな！」」と言われても無理な話です。物事には段階があります。

何でもかんでも飛びついて捕れば、「ナイスキャッチ！」というノックを目にするケースもあります。たしかに『ナイスキャッチ』の場合もありますが、中には足を使わずに楽をして飛び込んだプレーもあります。そういう部分の見極めを、指導者がきっちりと理解しなければいけません。

ノッカーというのは、決して自分が楽しむものではないということ。そして、自分のストレス解消のためにノックをしているのかという指導者の方も見受けられます。すべては子供のためです。

ノッカーが楽しんでいるだけのノックに目的はありません。

なぜ声を出すのか

なぜ、声を出さなければいけないと思いますか？

そうお聞きすると「やっぱり元気なチームに思われたいじゃないですか」そんな答えが返ってきます。たしかにそれも間違いではないかもしれません。私は「声を出さないと負けるよ」そう選手に話しています。試合のときに、「お前たちは本当に声が出ないな」と指導者の方がよく口にしますが、練習のときはどうだったのでしょうか。声もプレーと同じで、練習からやっていなければ試合ではできません。

簡単に1マスをあげるな

ゲームノックや紅白戦で、練習のときから1点の重みを子供に伝えているでしょうか?

●中継が綺麗につながらないで献上する1点
●確認事項をしなかったために献上する1点

これらは声が出なかったためにあげる1点です。その1点で負けるのです。1点を簡単にあげないためには、一つ先に行かせないことが必要になってきます。ランナー一塁でバントをされる……二塁でアウトを取らずに、一塁でアウトを取ることが当たり前になっている練習をしていたら、当然1点を取られてしまう可能性が高くなるわけです。

ですから、まずは二塁のアウトを取りに行く。そのための練習を徹底的にやるわけです。子供たちにも、二塁を取られることが当たり前ではないと、私は彼らに話しています。

2個先を取られる野球

そして、もう一つ彼らに言っていることがあります。**【2個先を平気で取られる野球をするな】**ということです。

●二塁ランナーがワンヒットでホームへ
●一塁ランナーがワンヒットで三塁へ
●バッターランナーが二塁へ

4マスしかないスゴロクを二つ先に進められたら、当然得点されやすくなります。それが、当たり前でないことを選手に伝えて徹底的に練習します。

そうなると、彼らは2個先の進塁をどうやったら防ぐことができて、どうやったらランナーよりも先にボールを2個先のベースに返すのかを、声で伝えなければなりません。

プレー前に、選手たちは**【ありとあらゆる可能性を確認】**し、それを伝え合わなければいけないのです。

声を出せと言う前に1点の重みを教える

「確認の声を出す時間が足りないくらいです」

ある選手が私にこう言ってきたことがあります。絶対に2個先を取られたくない……簡単に1点を取られたくない……そう思っていれば、声は勝手に出るのです。

「バッチこい」は長く続かない声です。長く続けなくてもいい声だと私は思っています。言うのであれば、ピッチャーが投げるときに自分に気合を入れるために、一瞬言うぐらいのものではないでしょうか。

【1点の重み】【先のベースに行かせないこと】をチームで浸透しなければ声も出ません。監督・コーチが「声を出せ」と言って「バッチこーい」と言ってはまた静かになる。そうではなくて、**【声が勝手に出るチーム作り】**をしなければ同じ繰り返しです。

本当にその声だった？

声の大切さを疎かにしてしまうとミスが出ます。誰かが出してくれるだろうと思って出す声は相手に伝わりません。

声から生まれたエラー

相手バッターの打球が左中間に飛び、「ボールセカンド」の指示。外野がもたついている間にランナーはサードへ。「ボールサード」の声の伝達ができず、ボールはセカンドに返ってきました。

別の試合では、ショート後方に上がったフライ。ショート……レフト……センター……ボールはポトリと三人の間に落ちました。

これらは、声の大切さと伝える大切さを疎かにしていたことから起きたプレーです。最初のプレーも、次のプレーも、たしかに周りの選手は声を出していました。しかし、相手に伝わる大きな声ではありませんでした。

「声出したか?」そう聞けば「出しました」と彼らは答えます。出してはいますから……。ですから、私は**【必死で相手に伝えようとしたか?】**と聞いています。

一人のときと全員で出すときの声

一人ひとりに、どれぐらいの声の量で指示を出していたのか確認します。ピッチャー……キャッチャー……ファースト……順番に一人ずつ。彼らは、中継が乱れていたあのときの声よりもはるかに大きな声を出します。

「本当にその声だったか?」

私は一人ひとりに聞きます。人間は一人のときと、大勢いるときの声の出し方は違います。大勢で声を出すときは、どこかで『誰かが声を出してくれる』そう思ってしまうものです。

こんな実験をしてみてください。

①一人の選手に拍手をさせてください

②その子も一緒に今度は全員で拍手をさせてください

②のときに……①で拍手をしてもらった子を見てください。

一人で叩いているときよりも、みんなで叩いているときの大きさは小さくなっているはずです。

大切なのは伝える気持ち

「誰かが声を出してくれるだろう」と全員が思っているチームと「俺が伝えるんだ」と全員が思っているチームでは、声の量も声の質も明らかに違います。そして、試合中だけ伝えようと思っていても伝わりません。

逆にいえば、試合中だけ指示を受け取ろうと思っても、周りの声を聞くことはできません。練習や私生活から伝えようとしていなければ伝わりません。

伝えるということは、**【相手の立場を考える】**ことです。**【相手の気持ちをわかろうとする】**ことです。**【伝えることの大切さ】**で防げる失点があります。声で勝てる試合があれば、声で負ける試合もあるのです。

声の重要性を知るノーボイスノック

練習の中継プレーでミスが出ました。「バックサード」の指示だったのに中継プレーがもたつき、ランナーがホームまで還ってきましたが、ボールはサードへ……

まずは子供たちで考える

「何してるんだ！　お前たち！」と叱ることは簡単なのですが、原因を突き止めなければなりません。

私は「何かあったら、自分たちでプレーを止めて話し合いなさい」と彼らに伝えています。このプレーでも、キャプテンの子が全員を集めて話し合いをしました。しかし、また同じプレーが起こりました。子供たちで解決できなかったことになりますので、今度は私が全員を集めました。

自分がではなく自分たちが……

外野手の選手、中継に入った選手、サードの選手、キャッチャーの選手、ボールに触ったのはこの選手たちです。

「僕の声が小さかったからだと思います」

「僕がちゃんと聞いていなかったからだと思います」

【当事者】の選手たちが口を開きます。

「そっか……じゃあこのミスはこの四人のミスなんだな」

そう話すと、

「いや……周りの僕も声を出していませんでした」

「僕も声を出していましたけど小さかったと思います」

ボールに触っていなかった選手たちがそう話し出しました。

「そうだな……君たちは『僕が』『僕が』って言うけど言い換えれば**【僕たちのミス】**だよ。全員が必死になって声を出して、一つのアウトを取ろうとしていないからこうなったんじゃないのか」

そう選手に話しました。声の意識が薄いということは、

「必死で一つのアウトを取りに行く意識が薄いっていうことなんじゃないか?」

「誰かが声を出してくれる」

「自分はボールに触っていないから……」

「そんな思いがどこかにあったんじゃないか?」

「一つのアウトっていうのは【チーム全員で取る】ものだよ」

そう彼らに話しました。

声を出さないで練習しよう

【声の大切さを全員が持つ】ことが必要です。

「よし！　じゃあ練習再開！　だけど一切声は出さないこと！」

そう選手たちに話すと「えっ？」と彼らは言いましたが「声がどれだけ大切なことか、みんなで確かめなさい」と言って練習を再開しました。

必死にボディアクションで何とかしようとする選手たち。しかし上手くいきません。一番の伝達手段である声を出せないのですから、当たり前です。30分ほど「ノーボイス」の練習が続いた後……全員が私のところに来ました。

「声の大切さがわかりました」

そう話してくれました。

声の大切さを知る

その後の練習では、全員がいい声を出して練習をしていました。僕がではなく、僕たちが……そう思わせることで、【チームの意識】を持たせることもできます。

その「僕たち」で一つのアウトを必死で取りに行く。そして、そのアウトを取りに行くためには**【僕たちの声が大切】**であることをわかってもらえたのならオッケーです。

「声を出せー！」と言ってもなかなか声が出ない、というチームさんがいましたら「ノーボイス練習」をお試しになってみてください。

練習メニューが子供の言いなりになっていませんか？

少年野球は**【勝つことだけが目的ではありません】**が、私の中で**【勝つことは前提】**としてあります。

勝つことからも負けることからも大きな学びがあり、それを糧として彼らはステップアップしていきます。

勝つ喜びを子供に味わわせてあげたい。最後の大会は勝って笑って終わらせてあげたい。だけど、なかなか勝てない。そんなふうに悩んでいる指導者の方も多いと思います。

みなさんのチームの練習は、どんな雰囲気でしょうか？

【練習でできないことは試合でできない】といわれます。まったくその通りなんです。

手投げにしてください

例えば、ウチのフリーバッティングは、マシンと手投げの両方を行います。子供たちは、手投げのフリーバッティングを好みます。

マシンはかなり速い設定にしてありますから、打ち所が悪ければ手が痺れます。

子供たちは痺れを嫌がります。見ていても明らかにマシンではなく、手投げにしてほしいという雰囲気があります。

マシンを使う目的はいろいろありますが、その中でも『スピード慣れ』が大きな目的なわけです。リトルはピッチャーからキャッチャーの距離は14m。そこから中1のピッチャーが投げれば、体感速度はかなりのものになります。

あるときに、

「本間コーチ、マシンじゃなくて手投げにしてください」

こう言ってくる選手がいました。

もちろん手投げもしますが、マシンである程度打ってからが通常です。しかも、次の試合は県でも有名な速球投手なので、いつもよりマシンのほうを多めに打たせようと考えていました。たしかに、手投げのフリーのほうが気持ちよく打てるでしょう。でも、**【練習でできないことは試合でできない】**わけです。

試合のための練習になっているか

練習で速いボールを打てなければ、試合で速いボールは打てないのです。子供に変な気をつかい、子供の意見に負けて練習メニューを変えてしまったら……何のための練習なのでしょうか?

【試合のための練習】になっているかが大切なはずです。試合で速いボールにまったく歯が立たず負けてしまい、悔しくて泣いている子供を見たときに何を感じるでしょうか?

試合に勝てないチームの練習は「試合のための練習」をしていないチームです。**【練習で泣いて試合で笑え】**という言葉があります。試合で勝って子供を笑顔にさせるためには、厳しい練習もしなければいけないということです。

可能性を見つけることが指導者の役目

「お前は本当に何をしても上手くならないな」

そのコーチは、ある選手にそう言っていました。

私はメジャーのコーチをしていました。私のチームではグラウンドが二つあり、一つはメジャー。もう一つはマイナー「小3・小4」が主にグラウンドを使っていました。

ノックを打っても無駄だ

マイナーのグラウンドで「お前は本当に何をしても上手くならないな」あるコーチが一人の選手にずっとそう言いながらノックを打つ様子を、別のグラウンドから見ていました。翌週も、その翌週も、さらに翌週も……同じような光景が続きます。

「お前にノックを打っても、もう無駄だ」

コーチにそう言われて、彼はとうとうグラウンドから出されてしまいました。たしかにボールは捕れないのですが、私の中では彼は**【一生懸命ボールに喰らいついている】**ように見えました。「捕る・捕らない」ではなく、「一生懸命やっているか・いないか」という点では、彼はがんばっていました。

お昼のときに、そのコーチに話をしに行きました。

「あの子、なんでグラウンドから出したの？」

そう聞くと、

「いや、毎週同じなんですよ。何をやっても上手くならないです」

彼はそう言いました。このコーチは年齢も若く、指導経験もまだまだ浅い指導者でした。

「何をやってもか……俺には、ただ君がノックを打ってるようにしか見えなかったけど……」

私がそう言うと、

「どういうことですか？」

と彼は私を見ました。

「あの子、グローブが上に上がるよね？」

そう言うと、

「そうです。だからノックを打っているときに何回も言いました。でも何回言っても直りません」

と彼。

可能性を見つけることが指導者の役目

「それだけで何をやっても上手くならないってことになるのか？　じゃあグローブを下に置いておくためだけの練習はした？　捕球する前にグローブを地面に叩くと、グローブを下にしておくイメージがつきやすいよ。そこまでやったのか？」

そう言うと、

「いや、そこまではしてません」

と彼は少し申し訳なさそうに答えました。

「簡単に言っちゃダメだよ。何をしても上手くならないなんて……まして、まだ4年生だよ。そのセリフを言う前に、君が考えなきゃいけないことはたくさんある」

少しうなだれている彼に、私は続けてこう話しました。

「数週間あの子のノックを見ていたけど、ステップの使い方がすごく上手になってきているのに気づいたか？」

と聞くと、彼は力なく首を横に振りました。

「この子はできないっていう先入観があると、見えるものも見えなくなるよ」

そう話すと彼はしばらく黙り、私にこう言いました。

「すみません。僕が間違えていました。グローブを下に置く練習方法を教えてください」

次の週から、あの子にとことん付き合う彼の姿がありました。

どの子にも**【可能性】**はあります。その可能性を見つけてあげることも、その可能性をなくしてしまうのも指導者なのです。

指導者が多くなると何が変わるのか

みなさんのチームには、コーチが何人いらっしゃるでしょうか？

コーチの数が多ければ、それだけ**【子供のことを見る眼】**が増えます。ある程度自分のことを自分でできる中学生や高校生と違い、小学生はその「眼」が多いほどいいはずです。

そして、指導者の数が増えれば増えるほど、練習メニューが変わります。フリーバッティングのときに、コーチは何をしていますか？

何もしないで立っているだけのコーチはいないでしょうか？

フリーバッティングを例に考えてみましょう。

コーチが増えたときのバッティング練習の例

●指導者が一人の場合

指導者がバッピ（バッティングピッチャー）をしながら、バッティングを指導するチームをお見かけします。その都度、バッティング指導が入り、その都度、練習が止まります。守っている子は集中力も切れて、砂遊びが始まります。

●指導者が二人の場合

指導者が二人になったことで、2か所でフリーバッティングができるようになり、一人のときより効率よく回せるようになります。

●指導者が三人の場合

指導者二人がバッピをやり、ゲージの後ろでバッティング練習の指導だけをできる三人目のコーチがやっと登場しました。しかし、守りを見る「眼」はまだありません。

●指導者が四人の場合

守りだけを見てくれる四人目のコーチです。バッティング練習の守備が「守備練習」を兼ねているのか、「球拾い感覚」でやっているのかは強いチームと弱いチームの差になって出てきます。バッティング練習のときの打球は、一番実戦に近い軌道です。バッティング練習＝守備練習であることを、子供に意識付けしなければいけません。

●指導者が五人の場合

今度はバントの練習がまとめてできるようになります。バッティング練習の最初に「5球バント」ではなく、フリーバッティングの前に鳥かごなど別の場所で、まとめてバント練習ができるようになります。

●指導者が六人の場合

今度はティーを見てくれる指導者が一人増えました。サボり気味になるティーですが、ここにも指導者の「眼」が入ることになります。

●指導者が七人の場合

守りを一人で見ていたのを「内野」と「外野」の担当に分けて、それぞれの守備の指導を見てもらえるようになります。

●指導者が八人の場合

守備で不安な選手を、バッティング練習の合間に一人ずつ呼んで「ゴロ捕り」の練習ができるようになります。

指導者が増えれば練習メニューが増えます

ちょっと整理してみましょうね。

●一人…フリーバッティングのバッピ一人
●二人…2か所にしてバッピ二人
●三人…バッピ二人にバッティング担当指導者一人
●四人…バッピ二人にバッティング担当指導者一人、守備担当指導者一人
●五人…バッピ二人にバッティング担当指導者一人、守備担当指導者一人、バント担当指導者一人
●六人…前記にティー担当指導者を一人
●七人…前記の守備担当指導者を内野担当と外野担当に分ける
●八人…前記にゴロ捕り担当指導者を一人

バッティング練習のときに、ピッチャー陣が投げ込みをすることもあるので、この場合はバッテリーを見るコーチも必要になってきます。

もちろん、これはほんの一例であり、マシンがあるチームさんであれば状況も変わるでしょうし、チーム状態によってメニューも変わるでしょう。ただコーチの数が多ければ多いほど、「眼」も行き届き、練習メニューの内容も広がります。

何よりも**【子供のため】**につながります。

人数が多くても必要な統一性

しかし、コーチの数が多くなると、そこに問題が発生してくることがあります。それは**【統一性】**です。バントの指導がコーチによって違う。ゴロ捕りの指導がコーチによって違う。

またコーチの人数が多いにもかかわらず、役目がなく人数を活かしきれていないチームさんもお見かけします。新しくコーチになっていただいた方の中には、どうしていいかわからない場合もあるでしょう。私は前日までにコーチの出欠を取り、どこの担当なのかをご連絡させていただいています。

「明日はバントをお願いします。○○君はセイフティバントを多めに。○○君は変化球のときにヘッドが下がるので、変化球多めでお願いします。あとは何かあれば言ってください」

こんな感じです。前日までにこういう連絡を流しておくと、役割もはっきりわかりますし、コーチのモチベーションも上がりますから。

コーチの数が多ければ子供を見る「眼」が多くなります。そして何より練習メニューが増えます。さらに、場を仕切る監督やヘッドコーチがコーチに役割を伝えることにより、コーチもやるべきことが明確にわかるはずです。

コーチの『数』も必要ですが、統一性という目的が一緒の**【指導者同志】**の集まりでなければ、人数が多ければ多いほど亀裂も入っていきやすいものです。そのためにも**【チームの**

【方向性】を常に指導者同士が確認しなければいけません。

ティーチャーが多いと子供は混乱する

今お話ししたように、指導者の数が多くなれば細やかな指導ができるようになりますが、役割をしっかり分けないと子供は混乱してしまいます。

AコーチにはAコーチのバッティング理論があり、BコーチにはBコーチのバッティング理論があります。今の時代は、さまざまなバッティング理論が存在します。それぞれのコーチは、自分のバッティング理論で指導したいと思うのが当たり前ですよね。

指導のアプローチ

しかし、それぞれが異なるバッティング理論で選手に指導すると、子供が迷いはじめるという状態になります。

高校生にもなると、その指導の中から自分で取捨選択することができますが、小学生にはなかなか難しいことでしょう。おのおのが良かれと思っていても、かえって子供を混乱させる場面が出てきてしまいます。

たとえ同じように伝えたとしても、微妙な言葉の表現や言い回しで、受け取る側の子供にはまったく別のものに感じてしまうこともあります。

では、これをどのように我々指導者は改善したらいいのでしょうか?

私のチームでは、子供に直接バッティングを指導しているのは私一人です。でも、他のコーチも間接的に指導に当たってもらっています。

どういうことかというと……A君のバッティングを見て、私以外のコーチが、こうしたほうがいいのにと思ったとします。このときにA君に直接指導をしてしまうと、子供が混乱する場合が出てきます。

フリーバッティングのときだけでなく、ティーなどのときの何気ない一言でも、子供は混乱してしまいます。真面目な選手は特にそうです。だから、技術的指導をする場合、**【子供に直接声をかける指導者は一人】**でいいのです。

そのため私のチームでは、私以外のコーチがA君のバッティングで気づいたことがあった場合、直接指導をせずに私のところに話が来ます。

「A君のバッティングの、ここをこうしたほうがいいと思うのですが……」

そのコーチと話し合って、それを取り入れるかどうかの判断を私が決めています。ですから、コーチの方々にも、意見はどんどん言ってくださいとお願いしています。私自身も「なるほどな」と気づかされ、指導に取り入れることも数多くあります。

「俺のおかげで打てた」はどうでもいい

まとめると……Aコーチ・Bコーチ⬇AコーチとBコーチがそれぞれC君に直接指導するのではなく……Bコーチ⬇Aコーチ⬇AコーチだけがC君に直接指導といった感じです。

こう考えると、このような指導をするのに絶対に必要な条件があります。それは**【指導者間の信頼】**です。「俺が指導したから打てた」とか「あのコーチの指導じゃ打てない」という言葉を耳にしますが、そのようなチームではこういった指導体制は難しいでしょう。

【誰のおかげで打てたかはどうでもいい】のです。

指導者みんなが、一人ひとりの子供のバッティングのことを真剣に考えて、みんなで意見を出し合う。指導者みんなの**【想い】**を一人の指導者が子供に**【言葉】**として伝える。至ってシンプルなもののはずです。

選手に言葉を伝える指導者には**【聞く耳】**も必要です。自分の「手柄」などではなく、**【子供のために何がベストなのか】**を指導者は考えなければいけません。

練習は失敗を出すためにある

小学生はたくさんの失敗やミスを繰り返し、野球の技術や知識を深めていきます。練習や練習試合で、みなさんのチームでは失敗やミスが出ているでしょうか？　練習や練習試合でも『失敗やミスは許されない』そんな状況になっていないでしょうか？

練習で試さなければ試合でできない

ときには、そのような緊迫感がある練習も必要だと思います。しかし、毎回毎回では**【子供が失敗を出せない】**のです。私は練習や練習試合では、「ミスや失敗を出しとけよ」と選手たちに話しています。

牽制のとき、右ピッチャーと左ピッチャーではリードの歩幅を変えてみたい。スタートの種類をいくつか練習で試してみたい。これらのことは公式戦ではなく、練習や練習試合でしかできないことです。

逆にいえば、子供たちも**【考える意識】**を持っていなければいけません。ミスというよりは**【試す】**といったほうがいいかもしれません。

ですから、「どんどん練習で試しなさい」と私は彼らに言います。練習や練習試合でしか試せないものがあり、練習で試して失敗したからこそ、公式戦でトライすることも成功することもできるはずです。

練習というのは、当然のことながら失敗を少なくし、技術の精度を上げていくものです。だからこそ、**【失敗を出すことも大切】**なのではないでしょうか？

練習で失敗を許さない雰囲気があっては、子供たちはチャレンジできません。練習や練習試合は、失敗やミスをなくすためのものでありながら、失敗やミスを出すための場ともいえます。**【失敗は成功のもと】**といいますから……。

失敗は成功のもと

『失敗は成功のもと』の意味を調べてみると、「失敗することによってやり方を改めることができ、かえって成功へとつながることになるから、一度や二度の失敗にくじけるべきではないという教え」とあります。

また、失敗してもその原因を追究しなかったり、やり方を改善したりする姿勢がなければ、同じような失敗を繰り返すことになるでしょう。

我々指導者にとって大切なことは、失敗を恐れない声がけや雰囲気作り。そして、その失敗やミスをどう改善していくかを**【見極める眼】**なのではないでしょうか？

自主練をしない理由

自主練をしません。自主練が長続きしません。こういったご相談をよくいただきます。中高生ならともかく、小学生がどうやったら自主的に練習をして、それを長続きさせることができるのでしょうか？

スイッチが入るタイミング

何もないところから自主練を始めることは、小学生にとっては難しいものです。私たち大人でも「よし！　今日からダイエットを始めよう！」といきなり思っても、なかなか長続きするものではありません。誰かに心ないことを言われ「よし！　今日から絶対ダイエットしてやる」と思ってダイエットを始めるほうが、長続きするものです。

練習や試合で「自主練をやろう」と思えるチャンスが必ずあります。その**【タイミングを逃さないこと】**が必要です。では、そのタイミングとはどういうときなのでしょうか？

①成功体験
②挫折
③誰かからのアドバイス

こういったことから、子供たちは**【やる気】**を持ちはじめます。知り合いや先輩のお兄ちゃんの高校野球を観に行って、あんなふうになりたいと思ってやる気を持ちはじめるケースもあります。

すべては目的のために……

自主練が長続きしない選手は、**【目的】**を持っていません。親御さんやコーチに「やれ」と言われたからという『やらされ練習』では、長続きするわけがありません。

自主練が長続きする選手は、みんな目的を持っています。『○○高校に行きたい』『4番バッターになりたい』という目的のために、自主練をしているわけです。そしてその思いが強いのです。

【意思】ではなく、**【意志】**になっているから長続きする。それは大事な試合で打てずに、もうあんな悔しい思いをしたくないという「意志」なのかもしれません。サヨナラエラーをしてしまい、もうあんな悔しい思いをしたくないという「意志」なのかもしれません。

自主練をする選手は、一つの覚悟を持って続けています。強い覚悟は強い目的を持ち、自主練も長続きします。人に言われなくてもやります。弱い覚悟は弱い目的を持つため、自主練も長続きしないのです。

自主練を習慣化する

ご飯を食べたら、みなさんは歯磨きをします。寝る前には、お風呂に入ります。これらは毎日行われる**【習慣】**になっています。

自主練が長続きする選手は、毎日決まった時間に練習をしています。時間設定が難しければ、お風呂に入る前に素振りをする。朝ご飯の前に走り込みをする……など毎日の習慣と結びつけてしまうことも有効です。

こうすることで、自主練も習慣化されていきます。

言い訳探しをしない

自主練が長続きしない選手は、言い訳を探しはじめます。

「今日は疲れているから」「今日は塾だったから」など、言い訳は探せば必ず出てくるものです。「雨だったから」といって自主練をしない選手がいますが、目的を持っている選手は雨でも自主練をしています。雨が防げる場所を見つけて素振りをしています。雨で走り込みができなくても、別メニューの自主練をしている選手もいます。

【目的達成への強い意志と弱い意思の差】がここでも出てきてしまいます。自主練をしない……自主練が長続きしない……チームにそんな選手がいたら、ここに書いたことを試してみてください。

上級生の練習に下級生を参加させる理由

みなさんのチームでは、低学年と高学年の選手が一緒に練習をする機会があるでしょうか?

高学年と低学年を一緒に練習させる理由

私が指導していたリトルリーグは、ジュニア・マイナー・メジャーと3つのステージに分かれています。ジュニアやマイナーの選手も、ときどきメジャーの練習に参加してもらっていました。逆にメジャーの選手が、マイナーやジュニアの練習に参加することもあります。

その意図は、

①メジャーの選手のプレーを見て一緒にプレーをする
②メジャーの選手の立ち振る舞い方を見る
③選手が自ら教えることで自らのプレーを確認する
④指導者間の意志疎通の確認

この4つのことが挙げられます。

①メジャーの選手のプレーを見て一緒にプレーをする

ノックのときに同じポジションの先輩の動きを見て、下級生はいろいろなことを教わります。また、指導者が教えるよりも子供同士で教えることで、スッとできるようになることもあります。

②メジャーの選手の立ち振る舞い方を見る

私が一番大事にしていることはこれです。プレー以外の部分を、下級生の選手に見てほしいのです。声の出し方、仲間への声がけ、一球にかける気持ち、グラウンド整備……こういうものを下級生が見ることで、自分たちが上級生になったら「こういうことがしっかりできなければいけないんだ」という意識を持ってもらうことができます。

そして、これが【良き伝統】となり、この先も変わらずいいチームを作っていけることになります。当然のことながら、上級生はそういうことができるチームになっていなければいけません。

③選手が自ら教えることで自らのプレーを確認する

【教える】という行動は、自らのプレーの確認にもなります。下級生に教えながら「あれ？これで合っているよな」と自分の確認にもなります。また、どうやったら下級生の選手に上手く伝えられるのかを考えて、言葉にすることもいい勉強の場になるはずです。語彙力も上がります。

④指導者間の意志疎通の確認

練習には、それぞれのステージの指導者も一緒に参加します。「この練習の意図は？」「下級生ならどこまでできるのか？」そんなことを、練習しながら指導者同士で話し合っています。当然のことながら、指導者同士が仲の悪いチームではこのようなことはできません。

一番の憧れの選手

私のチームでは「どういう選手になりたい？」という質問をすると、プロ野球選手の名前ではなく、上級生のお兄さんの選手の名前がたくさん挙がります。一番憧れの選手が自らのチームにいる。これって、とても嬉しいことです。

以前、マイナーのショートの選手が、メジャーのショートの選手を憧れにしていました。メジャーの彼が卒団し、マイナーのその選手がもらった背番号は『6』。彼は涙が出るほど嬉しかったそうです。そして、こう思ったそうです。

「あの先輩に恥じないショートになろう」

と……。こうやって、**【背番号の重み】**を知ることもあります。そして、それが**【伝統】**として残されていきます。

居場所がない選手はいませんか？

みなさんのチームに、なんとなく元気がない選手はいませんか？　その選手は、ひょっとすると**【居場所がない】**のかもしれません。スタメンで試合に出ている選手は、多かれ少なかれ自分の居場所を持っていることでしょう。

高校野球にもなれば、スタメン以外のベンチの選手も大切な役割であることを、選手たちは自覚しています。

ナンバー1を見つける指導者の力

しかし、幼い小学生では、まだその部分を理解できる選手は少ないかもしれません。また、スタメンで試合に出られない選手は「このチームに僕は必要なのだろうか」と考える選手も出てきます。『居場所』がない状態ともいえます。

居場所がないと考える選手の多くは、何をしたらいいのかわからずさまよっています。また、居場所がないと考える選手の多くは**【認められていない】**と考えています。

そんなとき、そういう選手の一日をずっと観てあげてください。ここでいう**【観る】**と

【見る】とは違います。じっくり**【観察】**してほしいのです。プレーもそうですが、プレー以外のところも『観て』ほしいのです。そうすると、今まで見えていなかった部分が観えてくるはずです。

・誰よりもグラウンドに出てくるのが早い
・道具の片付けを一番に始める
・仲間に声をたくさんかけている
・グラウンドのゴミや石を拾っている

ひょっとすると、今まで見過ごしていた彼らの**【何か】**が見つかるかもしれません。つまり、そういう選手にも**【ナンバー1】**があるはずなんです。そのナンバー1を見つけることで、彼らに『役割』が生まれ、彼らに『居場所』ができるわけです。

外見のナンバー1は認めにならない

ここで気をつけなければいけないのは、彼らのナンバー1を間違えないことです。

「体が大きいね」など表向きのナンバー1は、『役割』にも『居場所』にもなりません。彼らががんばっているナンバー1を見つけてあげる。そして、それを認めて評価をしてあげる。そうすることで、周りの選手の目も変わってくるはずです。

「アイツはダメだ」「アイツは使えない」と言って彼らの居場所をなくすのではなく、彼らのナンバー1を見つける「眼」を持てるかどうかが、指導者の大切な鍵になってきます。**【可能性は希望】**です。子供の可能性を見つけて希望を持たせる……**【指導者としての技量】**が問われるところです。

何度言ってもできないから指導は面白い

「何度言ったらわかるんだ」

「何回教えてもお前はできないな」

少年野球の現場でよく耳にする言葉です。少年野球の指導の見極めって、できる・できないではなく、やろうとしているかどうかだと思うんですね。指導したことを、小学生の野球少年がすぐにできるようになるだろうという考えに、まず無理があるわけです。

ただし、そのままにするのではなく、それをできるようにしていくことが指導者でもあります。**【いつか子供たちができるように】**……自分の経験や勉強したことを子供に指導していくわけです。

しかし、それを1回や2回の指導で理解し、できるようになるスーパー小学生はほんの一握りです。

指導したことが伝わらないときに……

自分の指導したことが伝わらない。自分が指導したことができるようにならない。私もこういうことがよくあります。

こういうときに、二つのパターンの指導者がいると思うんですね。

①何回も同じことを言っているのに……できない子供が悪いと考え、矛先を子供に向ける指導者

②何回同じことを言ってもできないのは……自分の言葉や方法に問題があると考え、矛先を自分に向ける指導者

私は指導というのは、後者だから逆に面白いのではないかと思っています。

自分が言ったことで、すぐに子供ができるようになったら、誰でも指導者になれます。

伝わらないからこそ指導の引き出しが増える

自分の言ったことが伝わらない。自分の言ったことができるようにならない。そうなれば……考えるわけです。どう言ったら子供たちに伝わるのだろうか？　練習方法を変えてみたらできるようになるのだろうか？　そうやって、またいろいろ考えて勉強していくわけです。

そうすることによって、自然と【指導の引き出し】も多くなっていきます。

これができない指導者は、いつまで経っても引き出しが増えないのです。

だから、言葉も同じことしか言わない……練習方法も工夫がない……そして「何度言ったらわかるんだ」「何回教えてもお前はできないな」という言葉が出てくるのです。

A君は理解できたかもしれないけど、B君は理解できていない……そうだとしたら、B君にどんな言葉をかけるのか……どんな練習方法ならいいのかを真剣に考えるのです。

指導というのは本当に難しいものです。だからこそ奥深く、そして楽しいものなのです。

やる気があるのに伸びない選手の原因

やる気があるのに空回りしてしまっている選手……みなさんのチームにもいませんか？

やる気はあるのに、なかなか技術が上達しない選手がいます。努力をすることは大切ですが「努力をすれば何とかなる」と思っているタイプです。方法論を間違えていることが多く、間違えた練習方法や自分に合わないバッティングフォームで素振りをしている選手。正しくないフォームでシャドーピッチングをしている選手。

【練習は嘘をつかない】といいますが、間違えた練習は嘘をつくのです。こういう選手には、指導者のどんな言葉や行動が必要なのでしょうか？

①具体的な方法論を示す

数も私は必要だと思っていますが、間違えたバットの振り方や、間違えたシャドーピッチングをすれば、その数だけ悪い癖がついてしまいます。

こういう選手は、素振りをたくさんやった、シャドーピッチングをたくさんやった、というように【数の論理】が強くなってしまうのです。せっかく毎日バットを振っていても、間違えた振り方で振ってしまっていては意味がありません。

数をこなすことが目的ではなく、ヒットを打つための素振りを心掛けなければいけません。

【具体的な方法論】を指導者が示し、導いてあげることも大切です。

素振りの方法や、正しいバッティングフォームを指導してあげなければ『間違えた振り方の数を増やしているだけ』になってしまいます。

②修正の習慣をつける

がむしゃらにがんばっているのに、なかなか結果が出ないことの一つに、「修正能力が乏しい」ことが挙げられます。何か問題があったときに途中で修正をしないで、「がんばれば何とかなる」とそのまま突き進んでしまうのです。こういう選手には、定期的に指導者が現状を把握し、助言をしなければいけません。

目標を達成するために、**【ＰＤＣＡサイクル】**というものがあります。

- Ｐ（ｐｌａｎ）＝計画
- Ｄ（ｄｏ）＝実行

●C（check）＝評価
●A（action）＝改善

中学生や高校生になると、自分自身での修正能力がついてきますが、小学生ではなかなか難しいことです。連写や動画を撮ってあげたり、調子がいいときのフォームを見せてあげたりして、**【修正をすることが大切】**です。

がむしゃらに数を振ることが大切なときもありますが、目的は数をこなすことではないということです。目的は、あくまでも正しいスイングを身につけてヒットを打つことであり、その先にチームの勝利があるということです。

やる気があるのに空回りしてしまっている選手は、指導者の見方や指導でガラッと変わります。やる気がある選手は、指導者の言動で貴重な戦力になります。

コーチングに必要な5つの流れ

バッティング練習のとき……「開くな！」と、よく指導者の方が子供にこう声をかけるシーンを見かけます。ここで終わってしまえば、「指導者」ではなく「指摘者」になってしまいます。

「指導」とはどういうものなのでしょうか？

「開くな」で終わってしまえば、それは指摘をしているだけです。見ている人であれば、みんな開いているのはわかるでしょう。そこで、開かないためにこうして……ああして……と指導を始めるわけですが、その前にまず選手に伝えなければならないことがあります。

その❶ なぜバッティングで開いてはいけないのか？

中学生や高校生であれば「なぜ開いてはいけないのか」を理解しているでしょうが、小学生はどうでしょうか？　中にはそれをわかっておらず、「ただ開いてはいけない」という認識だけの選手もいるかもしれません。まずは「なぜ開いてはいけないのか」を、**【子供たちが理解しているかどうか】**を確認することが先決です。

- 開きが早ければ外角球が遠くに見える
- 変化球に対応しづらい
- 力がバットに伝わらない

など、子供たちに考えて意見を言ってもらい、確認をすることから始めていきます。

その❷ どこが開いているのか？

「開くな！」

「開きが早い!」

と言われている子供たちは『どこ』が開いているかわかっているでしょうか?

●足

●上体

どちらが開いているのでしょうか? それとも足と上体が連動して、両方とも開いているのでしょうか?

「開くな」だけでは抽象的すぎます。

その❸ どこから開いてはいけないのか?

「開くな!」

と言われる一方で「腰を回せ!」とも言われます。腰が回れば、上体も連動して回ってしまいます。バッティング理論はいろいろあり、各チームでも違うでしょうが「インパクトまでは体の開きを抑える」と私は子供に伝えています。言い方を換えるのであれば「インパクトまではピッチャーに胸を見せない」ということになります。

「体を開くな」と言われたから、ただの手打ちになっている選手。その反対に「回転で打て」と言われたから、体を開いて打っている選手。子供の頭の中は「?」になっているかもしれません。

その❹　そもそも子供は開いていることに気がついているのでしょうか？

子供に『早く開いてはいけない理由』を理解してもらい『どこが開いているのか』を話し『どこまで開きを抑えるのか』を確認しました。

しかし、その前に子供は開いている**【認識】**が自分自身にあるのでしょうか？　こういうときのために、連続写真を撮ったり動画を撮影したりして、実際に自分の目で見て確認してもらうことが有効です。

その❺　開きを指導する

腰を回そうという意識が強すぎて、開きが早くなってしまう子。ステップした前膝が外に割れしまい、体が開いてしまう子。軸足の回転がインパクトの前に回りはじめて、開きが早くなってしまう子。トップがしっかりと作れず、ステップと同時に手が前に来てしまい開く子もいます。

こちらのアドバイスですぐに修正ができる選手もいれば、なかなか修正できない選手もいます。また同じ言葉でも、A選手には通じたけれどもB選手には通じなかったということもあります。

言葉の引き出しも指導の引き出しも、たくさんあるに越したことはありません。言葉で上手く伝わらない場合は**【体感】**させることも一つの方法です。軸足が早く回ってしまう選手には、ティーのときに地面に穴を掘って軸足を埋めて、まずは軸足を回さない感覚をわかってもらおうとしたこともありました。

これらのことをしたからといって「修正」できるとは限りませんが、一人でも何かをつかむ**【きっかけ】**になってくれたら、それはそれでよしなのだと考えています。

コーチングとは……、

①なぜそれをしてはいけないのか
②具体的にどこがどうなっているのか
③疑問を感じず正しく理解しているのか
④自分自身でその認識があるのか
⑤言葉や体感で指導する

ここでは『開き』についてお話しさせていただきましたが、守りのときの「腰を落とせ」「前に出ろ」なども同じことがいえると思います。子供に考えさせて、現状の姿を把握させて、はじめて『指導』が始まるのではないでしょうか。

「がんばってね」と「がんばっているね」の違い

がんばれ！　がんばってね！……この言葉、私も使います。練習中に、疲れている選手を見て「がんばれ！　まだいけるぞ！」と……。私はこの**【がんばれ】**という言葉が基本的には好きです。

「がんばってね」の言葉がつらい子供

ただ、使い所もあると思っています。親御さんも「がんばってね」と、何気なくお子さんにこの言葉を使うことも多いと思います。

お子さんが普通の精神状態であれば何の問題もない言葉なのですが、一生懸命野球をしているのになかなか上手くならないと悩んでいるとき、指導者や仲間と上手くコミュニケーションが取れずに悩んでいるとき、お子さんが「自分の中では一生懸命がんばっている」と思っているときに「がんばってね」という言葉が逆効果になることもあります。

自分はがんばっているのに、なんで周りはわかってくれないんだ。こう思う野球少年が多くいます。

「何を弱いことを言っているんだ。ともかくがんばるんだ」

「まだまだ努力が足りないからだ。がんばれ」

こういう言葉でがんばれる子もいる中で、がんばれない子も今の世の中にはたくさんいるのです。

「がんばってね」と「がんばっているね」の違い

では、こういう子にはどういう声をかけてあげたらいいのでしょうか？　それは**【がんばっているね】**の言葉です。

「がんばってね」と「がんばっているね」……この二つの言葉の違いは何でしょうか？　それは**【認めている】**ということです。

がんばってね……が、素直な気持ちで耳に入ってこないお子さんは、気持ちが孤立している状態にある子が多いのです。

なんでわかってくれないんだ……俺だってがんばってるのに……気持ちが孤立しているために、自分の存在や考えを認めてもらえていないと感じてしまっている子がいます。

その場合は、「がんばっているね」の言葉のほうが心は楽になるのです。病気の治療でがんばっている患者さんに「がんばってね」と伝えるより、「がんばっているね」と伝えたほうが元気になるというお話を聞いたこともあります。

がんばってねと……がんばっているね……時と場合によって使い分けることで、元気になれるお子さんもいるはずです。

指導者が「熱さ」と「圧さ」を間違えてはいけない

野球の指導者にとって、必要なものとは何でしょうか？　少年野球を指導されている監督さんやコーチのみなさん、それぞれにそれぞれの野球観があることでしょう。私は少年野球の指導者に必要なものの一つに、二つの**【あつさ】**があると思っています。

子供を思う情熱

一つ目のあつさは**【熱さ】**。情熱を持っていることですね。その情熱は、いかに**【子供のことを考えているか】**という情熱です。

この情熱があれば……というより……この情熱がなければ指導者などできないと思いますし、厳しい言い方をさせていただくと、指導者をしてはいけないのだと思っています。

情熱はあるのに、なかなか指導が上手くいかない……子供とコミュニケーションが取れない……という方は、方法論やスキルを磨くことで解決できるはずです。

しかし、本気で叱ってくれる監督さんや、本気で褒めてくれるコーチの方は、子供には必ず伝わっていると思います。逆にいくらスキルや方法論を知っていても、子供に対する**【情熱】**がなければ見透かされてしまうものです。ですから、方法論やスキルの前に『熱さ』があることが指導者には絶対なのです。

子供を思いやる厚さ

二つ目のあつさは**【厚さ】**。「情に厚い」とよくいいますね。情に厚いとは、「相手を思いやる心がある」「相手を思いやる豊かな心を持っている」という意味です。相手の気持ちを理解しようとしたり、相手の気持ちに配慮ができたりする人に使う言葉です。

この『厚さ』も、当然のことながら子供に向けるものです。一部の子供ではなく、チーム全員の子供に向ける『厚さ』でなければいけません。そう考えると、**【熱さと厚さ】**を持っていれば、子供に対する言葉がけが変わってくるはずです。

「お前は何回やってもできねえな」

「後で覚えとけよ」

そんな言葉はなくなってくるはずです。それは、**【熱い】**や**【厚い】**ではなく、子供に圧を与える**【圧い】**になってしまいます。熱い気持ちと厚い気持ち……私も指導者である以上持ち続けていきたいです。

『口動』では子供から信頼されない

人間は本来、感情⬇思考⬇行動といった順番で行動に移していきます。感情は心で……思考は頭で……行動は体で……。この流れの中で重要な役割をするのが【言葉】になります。

本来この流れの中で、言葉も一緒に流れていかなければならないのですが、厄介なことにこの言葉というのは【嘘】をつくときがあるのです。もしくは、言葉だけで終わってしまっていることがあります。本来なら考えて、言葉にして、行動するものです。【有言実行】というやつです。ただ、言葉だけで行動をしない人間もたくさんいます。

言葉で言うのは簡単

小学校低学年の選手で、なかなか自主練をしない選手がいます。親御さんが「毎日素振りしなさい」とただ言葉で言うよりも、「一緒に素振りをしようか」と言って練習に付き合うという行動があったほうが、子供はがんばるのではないでしょうか?

言葉で言うのは簡単です。ですから、朝早く起きて子供と一緒に素振りの時間に付き合ってみてはいかがでしょうか。仕事で疲れて1分でも朝は寝ていたい……それでも子供と一緒に練習に付き合う。言葉は簡単ですが、行動に移すということは簡単なことではありません。

行動は嘘をつけない

そう考えると**【何を言うか】**という言葉も大切ですが、**【何をするか】**という行動はもっと大切なことといえます。選手自身も、野球ノートやミーティングでいくらいいことを書いていたり言ったりしていても、行動しない人間は信頼されません。それは我々指導者にも同じことがいえます。

「お前たちのために……」「子供のために……」といくら言葉で言っても、行動が伴っていなければ子供に信頼されません。私の監督はいつも誰よりも早くグラウンドに来ます。子供が来る前にネットが破れているところはないか……マシンの調子はどうか……子供が怪我をしないように……毎週、誰よりも早くグラウンドにいます。

そういう人だから、みんなから信頼されています。結局、行動をする人というのは、信頼される人なのです。**【言葉と行動が一致する人】**……それが指導者に求められている姿なのです。**【行動は嘘をつけない】**のです。

30
10
1

指導力

第5章 試合での指導

勝つことと勝ち方が同じ延長線上にありますか

我々指導者や親御さんは、子供に「勝たせてあげたい」そう誰もが思っています。しかし当然のことながら、勝負には負けることもあり、それを**【どう今後の糧にしていくのか】**……その敗戦で子供たちが**【どう成長していくのか】**を、見守ってあげることが大切だと思います。

私が指導していた、ある年代の選手たちのお話をさせていただきます。

勝てばいいということではない

この年代はなかなか勝つことができず、公式戦でも練習試合でも連敗をしていた時期がありました。試合をすればするほど自信をなくしていく……そんな感じでした。それでも彼らの言動から「勝ちたい」という気持ちはひしひしと伝わってきました。

「勝つことだけ」を考えれば、あえて練習試合で自分たちよりも力の劣る相手を選んで「勝つこと」はできます。現にコーチの中でも、負け癖がついてしまうので、少し力の劣るチームさんに練習試合をお願いしてはどうかという意見も出ました。

しかし、彼らはそこに「喜び」を感じられるのだろうか？　私はそう思っていました。

子供は勝ち方をわかっている

一度、この年代の選手たちに意地悪な質問をしたことがあります。

「なかなか勝てないなあ。みんなの友だちで、野球が上手な子をチームに誘ったら勝てるかもしれないよ？」

すると子供たちはこう答えました。

「いや……それじゃ意味ないです」

「このメンバーで勝ちたいんです」

この答えを聞いてホッとしました。内心「そうだ、そうだ」と言われたらどうしようかと思っていたので（笑）。

子供たちはきちんとわかっているのです。「勝つから楽しい」のではなく「勝ち方」が大切であることを子供は理解しています。勝ち方をねじ曲げてしまうと、本当の意味で喜べないことを子供たちは知っているのです。

勝負である以上『勝つ』のは大切なことです。しかし**【勝つ＝楽しい】**の前提には**【勝ち方の大切さ】**があるはずです。子供はそれをきちんとわかっています。

少年野球の場合、特にこの勝ち方が大切なものになります。だからこそ**【負け方も大切】**

になってくるのです。

間違えた勝利『私情』主義

勝利至上主義……この言葉の捉え方は、非常に難しいのではないかと考えています。勝利至上主義というと「勝ち負けがすべてではなく、子供が野球を楽しむことが大切だ」という意見を述べる方がいらっしゃいます。それも一つの考え方でしょう。

アイツは俺が育てた

しかし、私は野球に限らずスポーツというのは、前提として『勝つために』やるものだと思っています。それは少年野球であっても同じです。

子供たちは**【勝つために全力で戦っている】**のです。少なくとも、私の教えた子供たちはそうでした。ですから、その子供たちの勝ちたいという思いに、我々大人は「勝たせたい」と思うわけです。

でも、ここで問題になるのはその『勝たせ方』です。どんなことをしても勝てばいいという態度は改められるべきです。大人の**【勝利『私情』主義】**こそがいけないのです。

少年野球の現場ではどうでしょう。子供に「勝たせたい」という感情が、いつしか大人自らが「勝ちたい」という感情になってはいないでしょうか。

ピッチャーの子の故障を考えずに行う無理な連投。ベンチの選手をないがしろにする態度。監督として自分の名声を高めることが目的となっている指導者が、残念ながらいらっしゃいます。こういう方は卒業した選手が有名になると、「アイツは俺が育てた」などとよくおっしゃいますが、その陰で何人もの選手をつぶしてきたのではないかと思ってしまいます。

勝利『私情』主義がいけない

『勝利至上主義』というのは、勝つことを目的としていることを否定しているのではなく、『勝ち方』に問題があるということなのではないでしょうか?

つまり、大人の私情で『勝つ』ことを優先させる「勝利『私情』主義」は許されることではありません。

私は選手が『勝つ』ことを目標に掲げている以上、私も子供に「勝たせたい」と思っています。勝つことを目標にしているからこそ、本気で練習し、負けたときには涙を流し……そういう感情が出てくると思っています。

本気で勝ちたいから……最後までがんばることの大切さを知る。本気で勝ちたいから……仲間を大切にする。だからこそ、仮に負けたとしても得るものがあるはずなんです。**【負け**

て得るものがある】というのは、本気で勝ちたいと思ったからこそ出てくる感情です。

だから、どんなに強い相手でも「勝っても負けてもいい」と試合前に私は言えないのです。勝とうとがんばっている子供たちに失礼ですから。

相手に勝つために自分に克つ

『かつ』という漢字には『勝つ』の他に『克つ』という漢字があります。

『勝つ』は勝負に勝つ、試合に勝つなど【相手に勝つ】ことを意味しています。『克つ』は克服する、乗り越えるなど【自分に克つ】ことで用いられます。

勝負で相手に「勝つ」ためには、まずは自分に「克つ」ことが大切です。そして、この「克つ」ことこそが、子供たちの将来に役立つことなのです。少年期の勝利とは何かということを考えるとき、最後にはここに行きつくのではないでしょうか?

指導者として勝たせてあげたい理由

勝ちたいのではなく、勝たせてあげたい……私は指導者としてそう考えています。その理由の一つに【景色】を見せたいという想いがあります。

神奈川で優勝し、関東大会や全国の大会に行く。そこに行った者にしかわからない景色があります。神奈川優勝という山の頂上。やっと登り着くと、その山の頂上からは、もっと高い山が見えています。そこには今まで見たことのない景色が広がっています。

そこに行ったから見える景色

県内では見たこともない剛速球投手。県内では見たこともない強打者。それは、大きな大会に出たからこそ見えた景色なんです。その景色を見たからこそ、その景色を見た後の練習は別のものになっているでしょう。

あの剛速球投手を打つためにはどうしたらいいか。もっとスイングスピードを上げるために、素振りの回数も増えるでしょう。あの強打者を抑えるためにはどうしたらいいか。もっと速いボールを投げるために走り込みをたくさんするでしょう。

高い山の頂上に着くと、別の高い山が見えてくる。ふと気づくと、どんどん高い山にチャレンジしている自分が……そしてチームがいる。勝ち上がって大きな大会に出ることは、自分のレベルアップにも、チームのレベルアップにもつながります。

反対に、負けて見える景色もあります。勝っても負けても大切なのは**【その後】**です。そして指導者が**【どう導くか】**です。

公式戦で勝てないのは練習試合に理由がある

「この負けを次に活かすためにがんばろう」

試合に負けた後、監督さんやコーチの方々は選手にこう話されると思います。そして、それは子供だけではなく、我々指導者にも同じことがいえます。

試合が終わった後には、第三者的な「眼」で自分のチームを分析しなければいけません。その分析を間違えると、立て直すところも間違えて、「どうして勝てないのだろう」という負のスパイラルに陥っていきます。

【試合前に予防】するものと、**【試合後に治療】**するものがあります。分析を間違えると、治療も間違えることになってしまいます。

あの回がなければ……

あの回がなければ勝てたのに……試合終了後によく耳にする言葉ですね。いい試合だったけど、ゲーム終盤に大量失点で負けてしまった。

「あの回だけなんだよな。あの回がなければ勝てたのに」

お気持ちはわかります。しかし、私からすると「あの回が出てしまうチームだから負けた」のです。その発想を変えない限り、自分のチームを把握できません。

なぜ「あの回」が起きてしまったのかを、分析する必要があります。ベンチがピッチャーの代え時を間違えたのかもしれません。エラーの連鎖が止まらなかったのかもしれません。何が原因で「あの回」が生まれたのかを指導者が分析し、次の試合までに「治療」をしなければいけません。

点差だけで考えない

強豪チーム相手に、1点差で敗れてしまいました。

「惜しかったね。強豪チーム相手に1点差なんてすごいよ」

周りからこんな声が聞こえます。たしかに、私の采配一つで勝利を呼び込めた試合もあります。しかし、1点差であっても「完敗」の試合もあります。0-1で敗れて、相手ピッチャーに手も足も出なかった試合もあります。この1点差は「惜しい」負けでも何でもなく、私からすると「完敗」です。

この試合を「惜しい」と指導者が間違えてしまうと、練習での「治療」も間違えてしまいます。逆に大量リードで勝っても、得点差ほどの実力を感じない相手もいます。得点だけでは分析できないものもあるのです。

感情的なコンバートはやめたほうがいい

試合中にエラーをしてしまう子が出ると、ポジション変更の話題になることがあります。これはさまざまなケースがあると思います。

いろいろな場面で何度も試してみたけど、やはりそのポジションよりも他のポジションのほうが合っている場合もありますし、チーム事情でコンバートということもあるでしょう。ただ、そのポジション変更を数試合で判断するのは早いかもしれません。

エラーをした子に怒りが収まらず、そのときの自分の感情でコンバートをしていないでしょうか？　学童野球の最後の大会を控えている時期に、ポジションをコロコロ変えるのはいかがなものでしょうか？　1年間やってきたことを信じて、そのポジションを子供に託したほうがいいように思います。

練習試合と公式戦は違います。練習で試合に向けた「予防」をし、試合後に練習で何を「治療」しなければいけないのかを、指導者間で話し合うことが大切です。そのためにも、自分のチームをしっかり分析しなければいけません。

これができないチームが、「あの回がなかったら……」と言ってしまうのです。

練習試合に全員出すのか？　出さないのか？

練習試合の捉え方は、チームによってさまざまです。いろいろなチーム方針があります。試合は楽しいものだから全員を出すチームもあれば、中には完全実力主義で、練習試合でも決まった選手しか出られないチームもあります。

これは、何度もお話ししているように**【方針の違い】**です。

練習試合にテーマはありますか？

私が練習試合をどう捉えているか、お話しさせていただきますね。前述したように、練習試合は予防と治療を見極めるものだと思っています。

例えば、外角球を全部ひっかけてしまった練習試合があったとします。練習試合で治療する箇所が見つかったわけです。外角球を自主練や練習で子供たちに徹底的に意識させ、練習でも外角のバッティング練習を多めに行います。

私は練習試合では必ずテーマを持って、それを選手に伝えているのですが、選手たちはそのテーマを理解しています。練習でそのことに時間を費やしているからです。

全員が、外角の球をどう打つべきかと考えて練習し、練習試合に臨むわけです。私は練習試合で何連勝……というのには興味がありません。練習でやってきたことを、子供たちがどこまでできるようになったのか、あるいはできるまでにはなっていないけど、どれだけ意識をしているかを見たいのです。

練習試合で見つけた課題をどう克服していくかが、公式戦で勝てる要因です。そう考えると、その場面を選手に与えることが指導者として必要になってきます。

かわいそうだから出すのではない

時間の関係で1試合しかできないこともあるでしょう。でも2試合、3試合と練習試合をすることができるのであれば、その場面（先ほどの話でいうのであれば、打席に立って外角の球を打つ場面）を作ってあげなければ選手に失礼になりませんか？

2試合、3試合と練習試合ができるのに、最終回だけ守りにつかせる場面を目にします。この場合の試合に出す目的は何でしょうか？

最終回の守りだけでは**【練習の成果】**を見ることができません。選手からすれば、その場面すらないことになります。

私は、かわいそうだから全員を試合に出すのではなく、練習でやったことを試合でどう表現しようとしているのかが見たいのです。

時間的な問題や試合数の問題で、すべてが思うようにならないことも承知しています。でも、練習でトライしてきたことを、一人でも多くの選手に経験してもらうことが大切だと私は思っています。

私がノックを左右で打つようになった理由

私はノックを右と左で打ちます。

「本間さん……スイッチヒッターだったんですね」と言われることがありますが、私は右打ちです。私が、なぜ左右でノックを打つようになったのか……。

最終回にレフトへの飛球が……

大事な公式戦で……1点リードのまま最終回へ。ノーアウト二、三塁のピンチから、三振と内野フライでバッターを打ち取り、何とか2アウトまで持ってきました。

バッターボックスには2番の左バッターの選手。今日の打席は、すべてセンターから逆方向のレフト側への打球。選手も理解しているだろうと思いましたが、確認のためタイムを取ってマウンドに選手を集めました。

内野の守備体系を確認して、バッテリーにも攻め方の確認。選手も、

「大丈夫です。わかっています」

そう答えてくれました。外野手を見ると、センターは左中間にシフトを取り、レフトはライン際に守備位置を変えていました。

「よし……外野手もわかっている。大丈夫だ」

そう思ってベンチに戻りました。試合再開後……初球は三塁方向へのファウル。2球目はボール。3球目はまた三塁方向へのファウル。選手たちも確信したのでしょう。

「逆方向行くぞ！」

「レフト！　ポテンあるぞ！」

選手間同士で声が飛び交います。

次の投球……レフト線へライナーの打球が飛びました。当たりを見て一瞬ドキッとしましたが、守備位置をライン際に変えていたレフト守備範囲内……「よし」心の中でそう私はつぶやきました。

打球は左バッター特有のスライスの打球となり、レフトの選手がその打球に合わせようとしていました。しかし、どんどん打球はライン際へ……「大丈夫だろう」と思っていましたが、レフトの選手の想像以上に球は切れ、グローブの先にボールが当たって捕ることができませんでした。

結果……サヨナラ負けとなり、大事な公式戦を落としてしまいました。レフトの選手は試合後も泣き崩れたままでした。

試合後のコーチ同士のミーティングで、

「あれ捕れましたよね」

「アイツはメンタル弱いからなあ」

そんな言葉が聞こえてきました。たしかに捕れない打球ではなかった……私もそう思っていました。

練習でやっていないこと

家に帰り、風呂から出て、私は一人の時間を作ります。今日の試合を、時間が少し経ってから振り返りたいからです。ノートとボールペンを持ち、今日の試合を1回から振り返っていきます。

そして……最終回のあの場面。レフト。左バッター。タイムで確認。配球。逆方向。シフト。こうノートに書きました。ここまでは上手くいっていたはず。続けて……スライス。

この言葉を書いてしばらく考えました。あのレフトの選手にあんな思いをもうさせたくない、やっぱり練習あるのみだな……そう思い、スライスの下に**【練習】**とノートに書き込みました。

スライス。練習。

この二つの言葉を見たとき、ハッとしたのです。左バッターのライナーのスライスのノックを、練習で打っていないことに私は気がつきました。その当時はコーチに左バッターがいなくて、打つノックは全部右バッターのノックしか打っていなかったのです。レフトの選手からすれば、練習していないボールだったはずです。

申し訳ないことをした……。

次の日から練習の合間を見て、私は左のノックをずっと練習してきました。練習でなるべく試合と同じ状況を作ることも、指導者としては必要です。また、子供たちにがんばってもらうのであれば、**【指導者自身もがんばらなくてはいけない】**ことがあると私に教えてくれた試合でもありました。

「先頭フォアボールはダメだぞ」を言わない

大事な場面での指導者の一言で、選手は大きく変わるときがあります。特に小学生の場合は……。

「先頭打者にフォアボールだけはダメだぞ」

「低めの変化球には手を出すなよ」

監督やコーチのみなさんは、ありとあらゆるケースを想定していらっしゃると思います。でも、その想定は【不安要素】が多いのではないでしょうか？

不安要素を口にすると伝染する

その不安要素を思わず口に出してしまう。

僅差で勝っている試合での最終回。当然のことながら先頭バッターを抑えたい。特に先頭にフォアボールだけは避けたい。指導者の方なら当然同じことを考えます。

その不安から「先頭にフォアボールだけはダメだぞ」という声がけが出てくるのです。しかしながら、それは子供も当然わかっているわけです。それを何度も何度も「先頭にフォアボールだけはダメ」と言われてしまえば、余計にフォアボールを意識してしまうものです。

初球ボール。2球目もボール。こうなるとピッチャーも周りも、頭の中に嫌でもフォアボールのウエイトが大きくなります。その結果、本当にフォアボールを出してしまったり、フォアボールを嫌って置きに行った球を長打されたりして、傷口が広がることがあります。

子供がわかっていることは言わない

私は子供がわかっていることは、なるべく口にしないようにしています。最終回の先頭バッターに、フォアボールを出さないということは子供もわかっていますから。そうかといって「打たれてもいいぞ」とも私は言いません。バッテリーには打たれないように指導と練習をしてきたのですから。

私が口にするのは**【子供の見えていない部分】**だけです。あとは**【いつも通りにやろう】**と言うだけです。それだけの練習をしてきたという自信が、私にも子供にもあると思っているからです。

そう言いながらも、先頭にフォアボールを出すと……あっ……本当に出しやがった……と心で思いますが（笑）。

失敗する試合前の指導者の一言

試合前の入りが悪かった……試合終了後に、指導者の方のそういう言葉を耳にすることがあります。

【試合の入り＝準備】はとても難しいですよね。特に少年野球は……それはどんな場合があるのでしょうか？

ケース❶　試合前の指導者の焦り

試合の入りを悪くしてしまう原因の一つに、指導者の焦りが子供に伝染することがあります。交通渋滞で到着時間が遅れたり……試合開始が急に早まったり……予期せぬ事態が起きたときに「早くしろって言ってんだろ！」監督・コーチが「ジタバタ」してしまい、声を荒げてしまうときがあります。その**【ジタバタは子供に伝染】**します。

指導者も子供も余裕がなくなったまま、試合に臨んでしまうことになります。予期せぬ事態が起きても、どんと構えて子供を慌てさせないことが大切です。

ケース❷　試合前の指示で具体的指示がない

公式戦は、指導者も独特の雰囲気になります。そのため熱くなっても仕方がありません。しかし「とにかく勝て！」「何が何でも塁に出ろ！」試合前にこのような抽象的な言葉ばかりだと、子供はどう試合に臨んでいいのかわかりません。

「相手ピッチャーの低めに決まる変化球はいい。ベルトより高めを積極的に振っていこう」

「昨日の雨でグラウンドはボールがあまり弾まないはずだ。シートのときに弾み具合を確認しておくように」

このような**【具体的な指示】**を与え、試合のビジョンを伝えることによって、子供たちに試合前から試合のイメージを持たせることになり、いい試合の入りができるようになります。

ケース❸ 子供に「心」と「体」の準備ができていない

これは各チームによって違うと思いますが、私は試合前にピッチャーの子を呼んで、試合展開によって投げる子をあらかじめ指名しておきます。先発ピッチャーはもちろんですが、例えば……、

「接戦のときはAが2番手。展開によって20球以下でAがマウンドを降りたら、Bが3番手の予定。点差によってはCが2番手の可能性もあるから、各自そのつもりで準備をしておいてくれ」

このように、試合前にあらゆる想定をしていても、それ以外の出来事が起こってしまうのも事実です。しかし、試合前に子供に伝えることで、試合前の準備と試合中の準備を「心」でできるはずです。「心」の準備ができてはじめて「体」の準備ができます。

試合中に想定外のことが起こり、投球練習をしていない子がいきなりマウンドに立たされてフォアボールを連発……これは試合前に監督・コーチが選手に**【心と体の準備】**をさせなかった試合の入りの失敗です。

ケース❹ 試合前のアップ

大事な試合ほど、指導者は熱くなりがちになります。だからこそ、いつもと同じことをしなければいけません。

私は、公式戦前のアップをあまり早くやらせません。暑い夏場や前の試合展開によって変えるときはありますが、決勝だからといってアップする時間を早めたりすることはしません。試合前の**【いつも通りのアップ】**が**【いつも通りの試合】**にさせてくれるはずです。

試合前の準備は大切です。監督・コーチの一言で試合前の入りは良くも悪くも変わります。ここでは試合前の「準備」だけについて書きましたが、試合前の準備は普段の練習から始まっています。また前日の練習も大きな鍵となります。

試合前の練習や当日の準備……すべての「備え」ができたときに、勝利に結びつき、子供たちの「嬉しさ」につながるはずです。

【備えあれば『嬉い』あり】

子供たちの笑顔のために、指導者はあらゆる「備え」をしなくてはいけません。

選手がスランプのときに何ができるか

バッティングでスランプになりました。どうしたらいいでしょうか？　こういった悩みを、現役の選手や選手の親御さんから相談されます。

まず、お子さんは本当にスランプなのでしょうか？

スランプを作り上げてしまう選手

スランプとは、

①自分がスランプと認めた瞬間

①周りからスランプだといわれて受け入れた瞬間

この二つから『スランプ』が始まります。というか始まってしまうのです。まずは**【スランプという言葉を自分の潜在意識から取り除く】**ことです。

周りは、1試合打てなかった、2試合打てなかったときに「お前はスランプだな」と安易に声をかけるべきではありません。『スランプの自分』『スランプの選手』を作り上げるのをやめることがまずは一番です。

それでも、何試合もヒットがないと、そのうち嫌でもスランプという言葉が自分の頭を回りはじめます。「どうしてこんなに打てないんだ」と自分で自分を知らない間に悪循環に陥れてしまいます。

また、レギュラー当落線上の選手は「結果が欲しい」と焦る気持ちが先行し、初球のボール球に手を出すこともあります。自分がスランプだと思ってバッターボックスに入っているうちは、まず結果がついてきません。そこに迷いがあるからです。

心のスランプ

なぜ、スランプは起きるのでしょうか？
①周りのプレッシャーに押しつぶされる
②今まで順調にきていた
③人と比べる癖がある
④心と体のバランスが悪い
こんなことが原因だと考えられます。では、どうしたらこのスランプから脱出できるのでしょうか？

前記の①～④に共通していることは『ネガティブ』な状態になっていることです。イチロー選手は、

「5打数ノーヒットのときほど面白い」

と発言しています。5打数ノーヒットなら、どうしたら打てるかを考え抜くので、頭が冴え渡るというわけです。スランプのときに、なかなかイチロー選手のように思うことは難しいかもしれません。

でも、スランプではなく**【新しい自分を見つけるとき】**なんだと、ワクワクする思考に変えてみてください。

技術的なスランプ

スランプには心の問題もあれば、技術的な場合もあります。一番いいのは、スランプから抜けるための協力者の存在です。タイミングがいいときとずれている……肩の開きが早い……指導者や近道を知っている人に聞くことです。

技術的なスランプは、練習して修正しなければいけません。指導者はカメラやビデオなどで、良いときと悪いときの違いを見つることも一つの方法です。

やみくもにバットを振って、スランプを脱出する人もいるでしょう。そういう気持ちも大切です。しかし、それではスランプを脱出できた原因がわかりません。もっといえば、なぜスランプになったのかもわかりません。スランプの悪いスイングになっているままバットを振り続けて、余計にスランプが長引くケースもあります。

練習とは、そもそも**【イメージを埋めるもの】**です。外角の球を逆方向に打つイメージとその打ち方。突っ込まないように打つイメージとその打ち方。そういうイメージを持って練習をする選手と、何も考えていない選手とでは大きな差が出てきます。

スランプのときも同じです。良いときのスイングと今のスイングでは何が違うのかをわかっている選手は、スランプから早く抜けられます。

そのためにも、動画や連写をたくさん撮っておくといいですね。良いときと悪いときの画像を見比べてみる。少年野球のうちは自分で見つけることが難しいので、指導者の方のアドバイスで良いときと悪いときのスイングを比べてみることが大事です。開きが早かったり、トップの位置だったり、必ず何かの違いがあるはずです。イメージを埋めていく作業が必要になってきます。

上で求められる修正力

中学野球や高校野球になってスランプになったときに、自分自身で良いときと悪いときのスイングを比較して修正していく**【修正力】**を持てるようになること。

修正力を持つためには、考える力が必要になってきます。考える力を持つためには、感じる力が必要になってきます。そういう力は野球だけで身につくものではありません。普段の私生活から、そういう力を身につけることが必要となってくるのです。

少年野球の選手が、バットを変えたら打てたという話をよく聞きますが、それはバットのおかげではなく**【気持ちがリフレッシュした自分】**や**【ポジティブ思考の自分】**になったからです。

スランプではないのに『スランプな自分』を作り上げないこと。スランプだというネガティブな発想を捨てて、**【新たな自分を見つけるとき】**だというポジティブな気持ちになることが必要です。

そして技術的なスランプの場合は、良いイメージを持たせるために、良いときのバッティングフォームをたくさん動画や連続写真で撮っておくこと。そしてスランプになったときに、そのイメージに近づけることです。

ウチのチームじゃ無理だな

私が指導者になりたてのころ……勝てない日が続きました。自分で指導方法や練習メニューを勉強していましたが、このころの私には**【指導者の経験値】**というものがありませんでした。

練習を見学させてください

練習試合で大敗したときに、相手チームの監督さんに「練習を見学させてください」と頭を下げてお願いしたことがあります。

「野球少年のためだから全然いいよ。何かわからないことがあったら聞いてよ」

そう言ってくれた監督さんには、今でも本当に感謝しています。別の監督さんにはこう言われたこともあります。

「本間さんのチームの子じゃ、ウチとレベルが違いすぎるから無理だと思うよ」

正直、ムッともしましたが、すべては子供のためですから、それでも頭を下げてお願いしました。たしかに実力差があったり、学年差があったり、今すぐにはできないかもしれませんが……私ができないと思ったら始まらないのです。

指導者が無理と言ったら何も始まらない

今、私は野球チームの現場を見させていただく機会が多くなりました。現場の指導者の方々から、いろいろな質問をいただきます。

何回言っても道具を綺麗に並べられない。心のこもったあいさつができない。チームの道具を率先して運ばない。仲間に声をかけられない。野球ノートのつけ方がよくない……。

こんなご相談をいただいたときに、こうしたらいかがですか？　と答えさせていただくのですが、そのときに「うちのチームじゃ無理だな」そう言う指導者の方々がいらっしゃいます。でも、指導者本人がそう思ってしまったら、もう無理なのです。

もっといえば、**【本気でチームを変える覚悟がない証拠】**です。チームの子が頭に浮かんで、うちのチームじゃ無理だな……という言葉になってしまっているのだと思いますが、何もしなければ何も変わりません。子供に「がんばれ！」と言っているのですから、指導者の方もがんばる覚悟を決めなければいけません。

無理・できない……そういう言葉に根拠はないはずです。逆に、無理だとかできないのを証明することのほうが難しいのではないでしょうか？

今は無理でも、やらないうちから無理だと決めつけるのと、やってみた結果、無理だったというのでは大きな差があります。

「うちのチームには無理だな」と言う前に、やるべきことはたくさんあるはずです。

指導者と保護者の「眼」が一緒ではいけない理由

みなさんのSNSを拝見していて、最近気になることがあります。タイムリーヒットを打っている我が子をアップしている動画……とても微笑ましく拝見しています。でも同時に「ん？」という視点が私の中に出てきます。長年、指導者をさせていただいたおかげで、視点が**【指導者の眼】**になってしまうことがあるのです。

オーバーランをしない選手

打った瞬間にヒットを確信して、全力疾走をしない選手……オーバーランを適当にして、塁上でガッツポーズをする選手……もっといえば、オーバーランをせずに早々と塁上でガッツポーズをする選手もいます（笑）。

親御さんは、そんな我が子を見て喜んでいてもいいと思うのです。むしろ、それが当たり前です。しかし、指導者はどうでしょう?

全力疾走をしなかったり、オーバーランを適当にしたりしている部分に視点が行かず、保護者と同じ視点になっていないでしょうか?

タイムリーヒットを打ったことは、選手にとっては嬉しいことでしょう。しかし、プレーは続いています。外野手がファンブルしたら……中継プレーが乱れたら……二塁まで行けたものが行けなくなります。少年野球であれば、外野手が後逸してランニングホームランになることだってあります。

1マス分で負ける試合があります

私はウチの選手に**【野球は4マスのスゴロク】**だとよく話していました。だからこそ、一つ先の塁に行く大切さをうるさいくらいに言ってきたつもりです。ランナー一塁と二塁では、攻め方も相手にかかるプレッシャーもまったく変わったものになります。**【1点差で負ける試合】**があります。もっといえば、**【1マス分で負ける試合】**もあります。

あのとき、ちゃんと全力疾走していたら……きちんとオーバーランをしていたら……そのときに一番悔しい想いをするのは、その選手本人になるはずです。

指導者の視点は、必ずしも保護者と一緒になってはいけない部分があります。「ナイスバッティング」「ナイスカット」も、保護者の方からよく出る言葉です。しかし、指導者の視点は、違う角度を持っていなければいけないときもあります。

「〜だから」ではなく「〜けれど」への発想転換

ある中学校の練習にお邪魔させていただいたときの話です。中学校の先生とお話をさせていただいていると、

「もう少し足を使ったチームにしたいのですが、足の速い選手が少なくて……」

そう口にしました。先生が私を選手に紹介してくれたときに「盗塁したい？」と選手にストレートに聞くと、周りをキョロキョロと見て苦笑いする選手たち。

意識を変える癖をつける

「それはしたいですけど……自分は足が遅いので……」

一人の選手がそう答えてくれました。足が速いか遅いかといったら、足の速いほうが盗塁には有利です。しかし、野球の面白さというのは、足が速いだけでは盗塁は決まらないということです。

足が遅くても、スタート、相手投手の癖、配球、牽制の数……いろいろなことが組み合わさって盗塁は決まるのです。足が遅いから盗塁できない……という考えではなく、足が遅くても他でカバーすることで盗塁ができるようにもなるのです。

ただ残念ながら、多くの選手と指導者は足が遅いというだけの理由で、盗塁を諦めてしまっているケースが多いのではないでしょうか。

可能性を見つける

相手の癖を盗み、配球を勉強し、スタートダッシュやリードの歩幅……盗塁は足が速くなくても成功する可能性は残されています。

この考えは、他の場面でも同じことがいえます。球が速くないからピッチャーができないのではなく、球が速くないから他の技術を磨けばいいのです。

真っすぐが速いのはもちろん武器になりますが、コントロールや変化球……真っすぐは速くなくても武器になるものはあります。体が細いから……背が低いから……もちろん体を大きくする努力も必要ですが、体が細くて小さい選手でも、ヒットを打っている選手はたくさんいます。

一つのものがダメだからといって、全体を諦める必要はないのです。そこが野球の面白さであり、奥深さなのではないでしょうか？

先日、その中学校の先生から連絡が来ました。

「全員が盗塁への意識を変え、全員が盗塁を成功させました」

とても嬉しい報告でした。

指導者として必要な『聴観力』

口は一つですが、目は二つあります。物事をよく見なさいということなのかもしれません。

指導者には【見る意識】ではなく、【観る意識】が大切なのではないでしょうか？　子供たちの野球の現場でも、子供の姿が観えている人もいれば観えていない人もいます。

聞くのではなく聴く

「アイツはセンスがない」

「アイツは何をやってもダメだ」

観ようとしなければ、子供の可能性も観えないのです。観る前に心で受け取ろうとしないことには、本当の子供の姿は見えません。

口は一つですが、耳は二つあります。人の話をよく聞きなさいということなのかもしれません。

そして、指導者には**【聞く意識】**ではなく**【聴く意識】**が大切なのではないでしょうか?

聴くという漢字には**【耳】**以外にも**【心】**という漢字が入っています。

「俺の言うことを聞いていればいいんだ」と、子供の話に耳を一切傾けない大人を見かけます。子供が何を話してもすべて否定してしまう大人。

「何かあったのか?」と一言聴いてあげるだけで、子供の心が楽になるかもしれません。聴こうとしないことには子供の本心がわかりません。

聴く前に心で受け取ろうとしないことには、本当の子供の姿は見えません。

目の前に見えていること……耳で聞いていること……心で受け取ろうとしなければ、本当の意味で観ていることにも聴いていることにもならないのではないでしょうか。

目で見て耳で聞いていても、**【大切なのは心で受け取る】**こと。親御さんにとって、お子さんは大事な息子さんです。その大事な息子さんを我々指導者は預かっています。「息子」は**【自分の心の子】**と書きます。私はグラウンドにいるときは、選手を「息子」だと思っています。だからこそ、心で接していきたいと考えています。

感謝の気持ちがない選手は
ベストなパフォーマンスができない

【感謝】……野球少年や高校球児に持ってもらいたい感情の一つです。

よく我々大人は子供たちに「感謝をしなさい」「感謝の気持ちを持ちなさい」と言いますが、感謝は強制されて得るものではなく、**【謝意を感じる】**という字の通り、子供たちが野球を通して感じてくれるものです。

ですから「感謝をしなさい」という言葉も大切かもしれませんが、それが具体的にわかるアプローチも大切だと思っています。

感謝は感じるもの

例えば、お弁当を食べる前に、

「お母さんは、君たちより何時間早く起きてお弁当を作ってくれたのかな?」

「お弁当を食べる前に、お母さんがお弁当を一生懸命作ってくれた姿を想像しよう」

と言ってみたり、グローブを磨くときに、

「お父さんが一生懸命働いている姿を想像してみよう」

と言ってみたり……。

感謝という気持ちを持っているプレーヤーは、いいパフォーマンスを出せる選手です。逆に、感謝の気持ちを持てない子はどういう選手でしょうか。妬み、ひがみ、諦め……そういったものを持っている子は、感謝の気持ちが遠のいてしまう選手です。

感謝の気持ちを持っている選手と、妬みやひがみを持っている選手。どちらがいいパフォーマンスを出せるでしょうか？

ある国のオリンピックのメンタルトレーニングで、お世話になった人や感謝の言葉を伝えたい人に、オリンピック後だけではなくオリンピック前にも、感謝の言葉を直接言いに行ったり手紙を書いたりしたほうが、いいパフォーマンスができたという結果もあるそうです。

【おかげ】を【ために】に変える

スポーツ選手は、いろいろな人の『おかげ』で今があります。その **【おかげ】** を **【ために】** に変えることで、たくさんの力をもらえます。

親のおかげを……親のために……

仲間のおかげを……仲間のために……

監督のおかげを……監督のために……

ひがみや妬みばかりを持っている選手は『おかげ』という感情を持てません。ですから

『ために』という感情も起こりません。

大事な場面で、大事な場面でこそ結果を出す選手は、感謝の気持ちをたくさん持ち、たくさんの力をもらっている選手なのではないでしょうか？

我々大人は「感謝の心を持ちなさい」という言葉だけでなく、どうしたら野球を通して感謝の気持ちを育ませていくことができるのかを、考えていかなければいけません。

指導者に必要な一人ミーティング

私には、選手間だけのミーティングと指導者間でのミーティングの他に、もう一つ行っているミーティングがあります。それは、練習後や試合後の【一人ミーティング】です。

選手一人ひとりの顔を思い浮かべ、そして選手一人ひとりのプレーを思い起こします。それは、当然のことながらベンチプレーヤーの選手も全員です。

▼選手一人ひとりの顔を思い出して

「○○は今日は打席でタイミングがずれていたなあ」

「左中間を抜かれたときの中継がずれているなあ」

「○○は5回からボール球が多くなったなあ」
「○○はベンチでよく動いてくれていたなあ」
一人ミーティングなのですが、私の中では**【試合を振り返りながら選手と会話している時間】**にもなります。一人ひとりの顔を想い浮かべ、スコアブックとにらめっこしながら行うのが、私の中での『一人ミーティング』の時間なのです。

スタッフ間でのミーティングで見えてくるものもあれば、一人でじっくり考えるからこそ見えてくるものもあります。

私は子供に試合が終わった後、『野球ノート』を書いて自分と向き合う時間を作りなさいと話しています。これは子供だけでなく、指導をしている我々にも必要なことだと思っています。

指導者同士のミーティングももちろん大切なことですが、一人で今日の試合や練習を振り返る『一人ミーティング』の時間で何かが見えてくるかもしれません。

試合に出たがらない理由

「練習は好きだけど試合は嫌い」こういうお子さんがときどきいます。普通の選手は試合に出ることを喜びとするわけですが、子供の中にはいろいろな選手がいます。何のためにこの子たちは練習をしているのだろう？　私も若いころはそう思っていました。

自信がない

「練習のほうが楽しい」こう思ってしまう選手には共通点があります。

一つ目は『試合での自信がない』ことです。エラーをしたらどうしよう……三振したら怒られる……試合になると負の考えが多くなってしまう。もっといえば、試合のあの独特の雰囲気が好きになれないわけです。

試合になれば、当然いつもの雰囲気とは違うものになります。襲ってくる緊張感。観客の視線。公式戦独特の雰囲気。普通の選手は、いつもとは違うこういう雰囲気で「よっしゃー！　やってやるぞー！」というふうにワクワク感が出てくるわけです。

しかし、試合が嫌いな選手はこういう雰囲気がダメなのです。いつもとは違うこういう雰囲気……ワクワク感ではなく悪いほうのドキドキ感。そしてこのドキドキ感を持ちたくないのです。

チャレンジ精神がない

二つ目の共通点は『新しいことにチャレンジしたがらない』傾向があります。新しいことにチャレンジしたがらないということは『できること』が増えていきません。『できること』が増えていかないので、自信をつけることがどんどん難しくなってきます。

そして、余計に試合に出たくないという気持ちが強くなってしまいます。試合での緊張感で泣き出してしまう子も中にはいます。

では、こういう選手に、どうしたら試合の楽しさを知ってもらえるのでしょうか?

「できる・できないを考えなくてもいい。まずはやってみること。できないから練習するんだよ」

私は練習のときにそう言ってきました。練習でやれば『できること』は必ず増えていきます。まずは『やってみること』から始めて『できること』を増やしてあげることによって、自信をつけさせる。

その『できること』が練習試合でできていたら、思いっきり褒めてあげてください。その**【褒め】**は子供の自信につながるはずです。

そして、自信を一つひとつ持っていくことが**【試合に出たい】**ことにもつながっていくはずです。

野球をする上で一番大切なことを奪ってはいけない

私の大切な教え子の話です。彼はとても不器用ですが、一生懸命野球をする子でした。とても熱心に練習をする選手で、自主練も手を抜かず一生懸命やる子でした。

しかし不器用なため、指導したことが頭に入るまで時間がかかるタイプで、その後に体がそれを覚えるまで、また時間がかかる選手でもありました。

▼選手には個人差がある

いろいろな選手がいます。一度指導すると、それをすぐに理解する選手もいれば、彼のように体がわかるまで何度も何度も反復を繰り返し、自分のものにする選手もいます。指導者であれば当然「早く上達してほしい」と思うものです。

しかし、**【大切なのは一生懸命がんばること】**であり、そこにある程度の個人差が出てくるのは仕方がないことです。

彼はなかなかレギュラーを取ることができませんでしたが、必死で野球に打ち込む子でした。私はそんな彼に、

「必ず実を結ぶときが来るから。自分ではなかなかわからないかもしれないけど、確実に技術も上達しているぞ」

そうよく声をかけていました。

彼は少年野球では、残念ながらレギュラーを取ることができませんでした。それでも卒団式で、

「必ず高校野球までやり遂げてレギュラーを取ります」

そう言って、中学はクラブチームに進みました。

話があります……

彼が中学2年のときに、話があるのでグラウンドに行きたい……そう連絡がありました。卒団した選手からいきなりの連絡……嫌な報告が多いものです。野球をやめたい……あんなに野球にひたむきだった彼が……そんな思いが私の頭を巡りました。

1年ぶりにグラウンドに戻ってきた彼。

「お前、グローブ持ってきたか?」そう私が聞くと「いえ……」と答える彼。そして、クラブチームに進んだものの、上には上がいることを痛感し、自信がなくなり野球をやめたいとポツリポツリ……私と目を合わせることなく、彼は話してくれました。そして「本間さん……」と私の名前を呼んだときに、彼は私の目を初めて見てこう言いました。

「自分……やっぱりセンスないんですよ」

と力のない言葉と力のない視線で。

「センスか……。お前さ、リトルのときと今とどっちががんばってる？」

と聞くと、

「リトルのときのほうががやってました」

と彼は答えました。

「センスがない……。そう言いきれるまで、お前は練習していないんじゃないか？　センスがあるかないかで野球を続けるかやめるかっていうのは、俺は違うと思う。野球まだ好きなんだろ？　そこじゃないのか？　野球を続けるかやめるかっていうのは……」

そう言うと、

「野球は好きです」

と彼は答えてくれました。

「グローブ……持って来いよ」

と彼に言うと「えっ？」と驚くような顔をしていたので、

「えっ？　じゃねえよ。グローブないと野球できねえだろ。今日は一日ここにいて練習に付き合え」

笑いながら、そう彼に言いました。

野球が好き

練習中に、後輩と楽しそうに話しながら野球をしている彼。練習後「いやー、やっぱ野球は楽しいです」そう笑顔で言った彼はその後も野球を続け、高校の最後の夏では4番バッターとして高校野球を終えました。

なかなか上手くならない……少年野球で不器用なお子さんを見て、そう感じる親御さんもいらっしゃると思います。でも、不器用でも……なかなか目に見えて野球が上達しなくても、**【野球が好き】**という気持ちが一番大切であり、一日でも長く野球をしてくれることが大事であることを忘れないでください。

『野球が好き』というお子さんの気持ちに勝るものはありません。そして、我々大人は子供の『野球が好き』という気持ちを奪ってはいけないのです。

卒団式で思うこと

毎年……卒団式の前日に「今年は泣かない」と決めて臨みますが、毎年誰よりも先に泣き、誰よりも大声で泣きます。

この子たちに教え残したことはないか……つらい練習を乗り越えてこの日を迎えられたこ

と。そして、この日を迎えた親御さんの気持ち……いろいろな気持ちが混ざり合いますが、「この子たちともう一緒に野球ができない」その想いで胸がいっぱいになります。

毎年変わらないもの

優勝できた年代もあれば……優勝できなかった年代もあります。関東大会や全国大会に出場した年代もあれば……神奈川の外に行けなかった年代もあります。結果は毎年違います。

でも、毎年必ず同じことがあります。それは**【子供が成長したこと】**です。

技術的なことはもちろんですが、野球を通して成長したことが卒団生一人ひとりにあるわけです。

グラウンドに来れず1年間休んだけど、がんばって練習に来られるようになった選手。**【自分自身に勝った成長】**でした。

サヨナラ負けをした日の翌週から、誰よりも早くグラウンドに来て走り込みをしたエース。**【悔しさを強さに変えた成長】**でした。

ワンマンプレーが目立ったけど、チームプレーを覚えた選手。**【仲間を思いやることを覚えた成長】**でした。

一人ひとり成長したことが必ずあります。卒団式で何を話そうか悩んでいる監督さんやコーチの方は、その「成長したこと」を卒団式の言葉にしてみてもいいかもしれませんね。

一人ひとりが成長したということは**【チームが成長したこと】**にもなります。優勝したことや全国大会に出場したことも嬉しいことですが、子供が「成長したこと」が指導者として、親として何より嬉しいことではないでしょうか？

ゆずり葉

そして、それこそが**【少年野球の目的】**なのではないでしょうか？

私のチームでは、卒団する子も親も涙を流しますが、下級生の子も親も涙を流します。

ゆずり葉という木をご存じでしょうか？

若葉が出た後……前年の葉がそれに譲るように落葉することからこの名前がつけられている木です。卒団していく子たちは、去年の先輩から引き継いだものを下級生にしっかり伝え、このチームでの役目を終えます。

卒団式はこのチームから「卒業」すると同時に、今までの**【自分からの卒業】**をすることになります。

私は卒団する子たちに、

「中学や高校で野球をしている時に『リトルの野球が楽しかった』などと思い出さないでくれ。中学や高校での野球は、リトルと楽しさの質は変わるだろうけど、今が楽しいと感じて野球をしてほしい。リトルの思い出し方を間違えるな」

そう話しています。そして、

「リトルがあったから、このつらい状況も乗り越えられる」

「リトルの仲間も今がんばっているから、俺も負けられない」

そういう思い出し方をしてほしいと話しています。卒団式は指導者として、**【一番悲しい日】**でもあり、今後の彼らのことを考えると**【一番幸せな日】**でもあるのです。

終章 感動エピソードストーリー

感動力

エピソード1　生まれつき右の手のひらがない選手

函館に住んでいる小学校4年生の優心《ゆうし》君。彼は、右手の手首より上がありません。

強くならなければ……

お腹を痛めて生まれてきた我が子の右の手のひらがない……。優心君のお母さんである明日香さんは、出産後に戻ろうと思っていた仕事に復帰することをやめました。優心とできる限り一緒にいよう……優心と一緒にいることで私も強くなろう……そう決心しました。

しかし、優心君と二人で町を歩いているとき、みんなが優心君の右手を見ているような気になってしまいました。優心君と二人で、公園で遊んでいるとき「右手どうしたの？」と聞かれることがたまらなく嫌でした。

強さを持てない日々が明日香さんに続きました。

グーちゃんが大好き

優心君が幼稚園のころ「僕もパーの手がいい」そう言って帰ってきました。

幼稚園できっと何か言われたのでしょう……。

それから、明日香さんは毎日……毎日……優心君のグーの右手を触りながら、

「お母さんは優心のグーちゃんが大好きだよ」

そう語りかけたそうです。そして、お兄ちゃんの影響で優心君は小学校1年のときに「野球をやりたい」と言いはじめます。

左投げ左打ちの彼は、守備では左手で捕球をした後に、グローブを右の脇に抱えて左手で投げます。バッティングでは右手を添えて打っています。

「たくさん練習したんですね？」

と私が聞くと、明日香さんは、

「それが意外にすぐできてしまって……」

と答えてくれました。野球も真面目に取り組んでいる優心君。野球を始めたことによって、優心君はどんどんたくましくなっていきました。

俺の右手！　すごいだろう！

自分に強さが持てなかった明日香さん。でも今は、

「たくさんの人に優心を知ってほしいです。私の誇りですから」

そう笑って話してくれました。そして、こう続けてくれました。

「私が優心と一緒にいることで、優心を強くさせようと思ったんですけど……優心が私を強くしてくれました」

と。優心君は今、自分の右手をお友だちにこう話すそうです。

「俺の右手！　すごいだろう！」

と。それは、きっと明日香さんが毎日毎日、

「お母さんは優心のグーちゃんが大好きだよ」

と言い続けた言葉があったからです。優心君は明日香さんのおかげで強くなり、明日香さんは優心君のおかげで強くなったのでしょう。

この母子が高校野球最後のステージまで行けますように。奇跡が起こりますように。ずっと応援しています。

世の中暗いニュースばかりですが、明日香さんと優心君の話を聞いて、私は元気をもらいました。

エピソード2　10年以上毎日ティーを上げ続けてくれた父

私のところに来た素敵なメッセージ。父と子のティーのお話。

毎日……毎日……

私は31歳になります。元高校球児です。野球が大好きだった父の影響で小学校1年生から野球をやりはじめました。やりはじめた……というよりは、父に入部させられたというほうが正しいかもしれません。

父は厳しい人間でした。週末の野球だけではなく、平日も毎日毎日……練習でした。どんなに激しい雨の日も……どんなに厳しい風の日も……車庫で毎日、父はティーを上げてくれていました。

中学野球最後の打席

少年野球が終わり、中学になっても父のティーは毎日続きました。本当に……毎日、毎日。「今日は疲れているから……」と言っても、父は許してくれませんでした。黙々とただ何百球ものボールを父は上げていました。

中学最後の大会。最終回で1点負けている場面。2アウト二、三塁。私は最終バッターになりました。見逃し三振で試合は終わったのです。

あれだけ毎日バットを振ったのに、私の中学最後の夏は、バットを振らずに終わりました。父は……何も言わず……その日もいつもと同じようにティーを上げてくれました。

父との貴重な時間が……

高校に入っても、父のティーは変わらず続きました。厳しい練習を終え、家に帰ってからのティーは本当にきついものでした。

高校3年の夏大前「野球は高校まで」そう父に告げました。

「わかった」

父は一言だけそういいました。

毎日毎日行っていたティーのこの時間。会話はほとんどなかったけれど、貴重な父との時間。父も仕事終わりで疲れているときもあっただろうと……残り時間が少なくなったこのころから、父に感謝の気持ちが強くなってきました。

高校野球最後の打席

最後の夏の初戦。1-7で負けている状況で、最終回に打席が回ってきました。打席に入る前、私の頭に浮かんできたのは、父とのティーの時間でした。必ず振る。中学のときとは違う。そう思ってバッターボックスへ。

初球……センター前にクリーンヒットでした。これが私の高校野球……いや野球人生最後の打席です。

試合が終わり、父の姿を見て、ボロボロと涙が出てきました。

「ティーありがとう」

そう一言だけいうと、

「ナイスバッティングだったなあ」

と言っている父の顔は、涙でくしゃくしゃになっていました。あれから13年……父は他界しましたが、最後の打席のヒットは父のティーのおかげだったと今でも思っています。

そして、継続する大切さを私に教えてくれたのです。

エピソード3 あのヒットはまぐれなんかじゃない

あるお母さんからのメッセージです。6年生の学童野球の終わり方について。

5年生から始めた野球

先週6年生の息子の少年野球が終わりました。私の息子は5年生から野球をやりはじめました。他の子より遅い入団で、公式戦に出るには親の私から見ても難しいだろうな……そう思っていました。

それでも毎日素振りをし、朝はランニングをしたりして……彼なりに努力をしている姿を親として嬉しく思っていました。

なかなか技術は上達しませんでしたが、野球というスポーツに出会えて、がんばることの大切さを知った息子を見ているのが好きでした。監督やコーチからほとんど指導されることもありませんでしたが……。

それでも、息子は野球が大好きでした。

6年生最後の試合

6年生最後の大会。息子以外の6年生は全員スタメン。前の晩に「試合に出てもベンチでも、チームのためにがんばっておいで」そう息子に声をかけました。

試合は0－8の劣勢。うちのチームはノーヒット。最終回……監督の一言が私に聞こえてきました。

「かわいそうだから出してやるか」

息子のことだ……すぐに私は思いました。かわいそうだから……か。がんばっていたから……じゃないのか。そう思ったのが正直な感想です。

「かわいそうだから出すのであれば、出さなくてもいいです」

そう言いたくなる気持ちを抑えたのも事実です。

まぐれが出た

その監督の言葉に笑うコーチたち。それは、笑顔といえるものではなく……ニヤニヤとした笑いでした。その言葉は息子にも聞こえていたはずです。

代打に立った息子。おそらく小学生最後の打席。毎日バットを振り続けていた息子。それが、かわいそうだから出してやる。なんともやりきれない思いで息子のバッターボックスを見ていました。

結果……息子は今までの中で、一番の当たりのツーベースを放ちました。仲間はとても喜んでくれました。監督とコーチは「まぐれが出た」と。それは喜んでいる笑顔ではなく、馬鹿にしている笑い顔にしか私には見えませんでした。

まぐれじゃないから

帰りの車で、私はあの一言に触れませんでした。息子も何も言ってきませんでした。

「毎日……バット振っていてよかったね。ナイスヒットだったよ」

そう息子に一言だけいいました。息子はしばらく考え込んでから、

「まぐれじゃないから……」

そう笑って答えました。あのときの言葉……やはり息子には聞こえていたのです。

「うん！　まぐれなんかじゃない！　がんばった証のヒットだよ」

そう息子に伝えました。

「中学でも野球をがんばるから！」

息子は力強くそう言って車を降りました。起用法について、私はどうこう言うつもりもありません。ただ、あの言葉が指導者として必要だったのでしょうか。このチームで本当によかったのか……最後の試合に考えさせられました。

エピソード 4　あのサヨナラエラーがあったから……

涙が出るほど悔しい試合……でもそれも先につながっていきます。お友だちのお母さんからいただいた素敵なお話です。

最後の試合で……

サヨナラエラーで、息子の小学生の野球は終わりました。少年野球の最後の試合が自らのエラーで終わった瞬間……何が起こったのかわからず、私は呆然と立ち尽くしていました。

試合前に、1試合でも長くできるようにがんばろうと話していた選手と親たち。いたたまれなくて、すぐに私は他の親たちに「ごめんね」と謝っていました。みなさんは「何言っているのよ」「みんながんばったんだから」そう優しい言葉をかけてくれました。

息子を見ると……泣いて立ち上がれず、チームメイトに肩を担がれている姿が見えました。試合が終わっても……家に帰ってきても……息子は一言も話しませんでした。

卒団式で……

しばらくして、卒団式の案内が来ましたが、息子は「行きたくない」と言い出しました。主人の説得で何とか卒団式に出席することになりました。

卒団式当日。うちのチームでは、6年生が一人ひとり話をすることになっています。ちゃんと話せるのか……私はとても心配でした。順番に6年生が話をしていきます。

自分の思い出の試合……ホームランを打ったこと。大会で優勝したこと。それぞれが自分の思い出の試合を話しはじめました。

息子の順番が近づくにつれ、あの子は何の試合のことを言うのだろうか？　あの最後の試合のことを言うのだろうか？　私はドキドキしながら順番を待っていました。そして、あの子の順番がやってきました。

タイムマシンがあったら……

マイクの前には立ったけど、なかなか話せない息子。「がんばれ！」親御さんやチームメイトが声をかけてくれます。

「僕のエラーで終わってしまってごめんなさい。タイムマシンがあったら、あの日に戻りたいです……」

小さな声で涙を流しながら、やっと出た言葉でした。沈黙の時間が少し続いたとき「ちょっといいか」と監督が声を発し、続けてこう話してくれました。

「サヨナラエラーは悔しかっただろう。でもお前は本当にがんばってきた。だからその悔しさで、またがんばってくれると監督は信じている。あのエラーがあったから……そう思える日が必ず来るから。失敗は成功のもと。あのエラーは失敗なんかじゃない。だからタイムマシンもいらない。がんばるんだぞ」

息子も私も涙が止まりませんでした。素晴らしいチームで野球ができて、本当によかった……卒団式で心からそう思いました。息子は春から高校球児になります。あの監督の一言が息子を支えてくれています。

エピソード 5　野球の上手い下手より大切なもの

技術が上手い子もいれば、今はまだ技術が追いついていない子もいます。

上手い下手じゃない

私はチームの選手たちに「上手いとか下手ではなく、一生懸命やっているかいないかが大事なことだ」と伝えてきました。

ある選手が私のチームに移籍してきました。野球の技術はいいものを持っている選手でしたが、入団してから人を上から見るような態度が気になっていました。彼が入団してから1か月くらい経ったころのことです。

ウチのチームでなかなか上達しない子にノックを打っているときに、その彼がニヤニヤしているのが目に入りました。ノックを受けている選手がエラーをするたびにニヤニヤしています。

私はノックを打つ手を止め、「何か面白いことがあるか?」そう尋ねました。

一生懸命なやつを笑うな

「いや……あまりにも……」そう彼が言ったので「あまりにも……なんだ?」と聞くと「いや……あの……」言葉はごまかしましたが、言いたいことはわかりました。

「一度グラウンドから出て、外からウチがどういうチームなのかを見てくれ」

そう彼に伝えました。グラウンドではまだあの彼がノックを受けています。なかなか捕れないけれど、必死に歯を食いしばってがんばっています。その彼に声をかける仲間がいます。

「次は捕れるぞ！」

「いい声出てるぞ！」

グラウンドの外にいる彼にこう話しました。

「君の以前のチームが、どういうチームだったのかはわからない。でも、一生懸命やっている選手を馬鹿にすることは絶対にやってはいけない。少なくともうちのチームには、そういうやつは一人もいない」

彼はずっとノックを受けている子と、声を出してその選手を盛り上げている仲間の姿をじっと見ていました。

「でもな……手を抜いてやるとウチのチームはすげー言われるぞ」

私は、そう笑いながら言いました。

君の番な……

グラウンドの中では、あの彼のノックが終わったところでした。ドロドロになったユニフォーム。足元がフラフラになっている彼に、水筒を持ってきてあげる仲間。トンボをかけるチームメイト。彼はその光景をじっと見ています。

「よし……次……君の番な」

そう言うと、

「えっ……僕ですか」

とびっくりした声で返事が返ってきました。

「実際にさ、ノックを受けながらアイツらの声を聞いてごらん。うちがどういうチームか……それが一番わかるよ」

入団して1か月で個人ノックはちょっと早いかなと思いましたが、この子にはいいタイミングだったと思います。

ノックの途中から、足が動かなくなり……声も出なくなってきました。

「おい！　ここからだぞ！　こっから！　がんばれ！」

「黙ると余計につらいぞ！　声出したほうが楽だぞ！」

そんな声が彼に飛びます。その中には彼に笑われていたあの選手も、必死に声を出して盛り上げています。

ノックが終わった後、彼を中心に笑顔の輪ができていました。彼が本当の意味で入団した日になりました。

おわりに——子供たちに「可能性という希望」を与える

2021年夏。さまざまなことがあった高校野球。県大会の決勝で敗れた教え子から電話がかかってきました。

「本間さん、いろいろありがとうございました。今日で野球から卒業します」

電話口の彼は、しっかりとした口調でこう伝えてくれました。私が指導者をしていて一番嬉しいことは、チームが優勝したことでもなく、教え子が甲子園に出たことでもなく……彼のように高校野球を最後まで全うしたことであり、リトルを卒団して何年も経っているのにこうして彼らから連絡をくれることです。

指導者は、現在だけの指導者と未来までつながっている指導者とに分かれます。現在だけの指導者は選手を力で抑え込んでしまえばできますが、未来までつながっている指導者はそうではありません。

電話をかけてきてくれた彼に、私はこう言いました。

「お疲れさん。電話ありがとう。野球を終えると**【野球人】**から野球が取れて**【人】**になる。ここからが大切だ。お前のこれからの人生で、野球で得たことがどれだけ人生に活かせるのか……がんばれよ」

「野球で飯は食えないかもしれないが、野球をしてきたことで飯が食えることがある」

ある高校野球の監督さんの言葉です。たくさんの野球少年が甲子園やプロ野球選手を目指していますが、残念ながらその全員の夢は叶いません。しかし、野球を終えたとき「ああ野球をやっててよかったな」と子供が思ってくれて、社会に出たときに「野球をやっていたことが役に立った」そう思ってくれるのが私には一番嬉しいことです。

野球選手である前に彼らは『人』です。もっといえば『子供』です。1%と2%に大きな違いはありませんが、0%と1%には大きな違いがあります。それは可能性です。可能性は希望です。

野球というスポーツで子供たちに『絶望』を与えるのではなく、**【可能性という希望】**を与えていかなければなりません。

「お前には無理だ」「野球なんてやめてしまえ」大人のそういった言葉で、子供の**【可能性のフタ】**を閉めるようなことをしてほしくないと心から願っています。子供の可能性は無限に広がっていますから……。

年中夢球

2021年11月

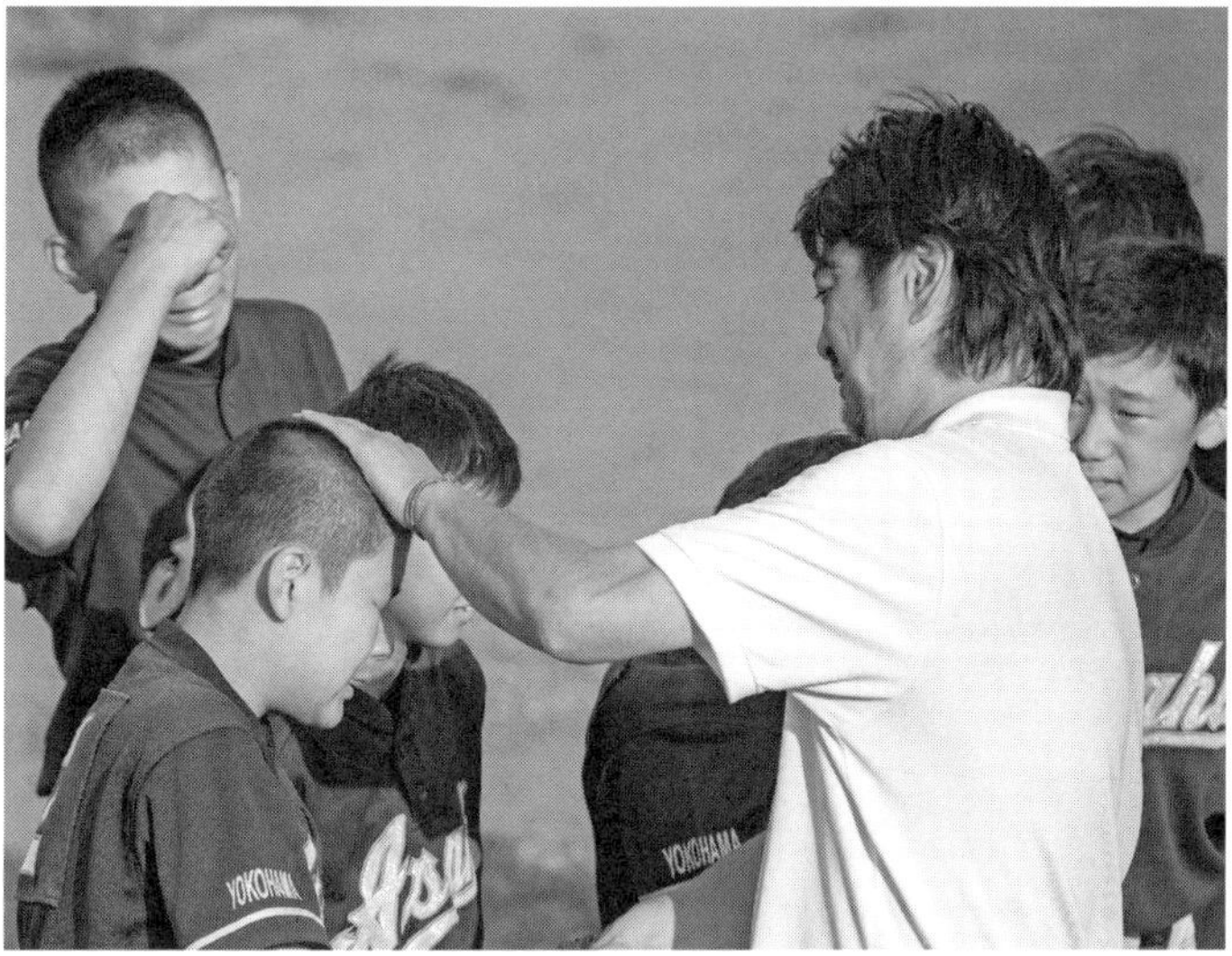
YOKOHAMA
YOKOHAMA

球導
野球少年を正しく導くためのアドバイス

2021年12月17日　初版第一刷発行

著　　　者／年中夢球

発　行　人／後藤明信
発　行　所／株式会社竹書房
〒102-0075　東京都千代田区三番町8-1
三番町東急ビル6F
email：info@takeshobo.co.jp
URL　http://www.takeshobo.co.jp

印　刷　所／共同印刷株式会社

カバー・本文デザイン／轡田昭彦＋坪井朋子
本 文 写 真／yosshy・吉田友梨子・成田雅之

編　集　人／鈴木 誠